글로벌 음식문화

GLOBAL FOOD CULTURE

글로벌 음식문화

인 쇄 2023년 2월 15일
발 행 2023년 2월 20일

저 자 정난희·김수경·전은례
발행인 정성택
발행처 전남대학교출판문화원

등 록 1981. 5. 21. 제53호
주 소 61186 광주광역시 북구 용봉로 77
전 화 (062) 530-0571~2 **마케팅** 530-0573
팩 스 (062) 530-0579
홈페이지 http://www.cnup.co.kr
이 메 일 cnup0571@hanmail.net

값 20,000원

ISBN 978-89-6849-959-3 (93590)

GLOBAL
FOOD
CULTURE

글로벌
음식문화

정난희 · 김수경 · 전은례 공저

전남대학교출판문화원

머리말

음식문화는 '특정 사회에서 먹는 것에 관련하여 공통으로 나타나는 행동 양식' 또는 '여러 민족이 제각기 발달시켜 온 음식의 종류, 조리법과 상차림 및 식사예절 등 각 민족의 역사적·문화적 소산'이며 '식품을 조리·가공하는 체계와 식사 행동 체계를 통합한 문화'라 할 수 있다. 한 민족의 고유한 음식문화는 지리적 위치와 생산되는 식품을 기본 재료로 하여 형성된다. 음식문화는 단순히 음식 자체만이 아닌, 음식 재료, 조리 도구, 조리 시설 및 조리법, 음식을 먹기 위한 그릇, 도구, 상차림 등의 식생활 요소가 모두 포함되며, 나라마다 다르게 전해지고 있다. 이러한 음식문화는 쉽게 변하지 않아 본래의 모습이 잘 보존되므로 한 민족의 문화를 파악하기에 매우 적합하여 음식은 해당 지역의 문화를 알리는 유용한 도구로 활용되기도 한다.

이 책은 총 13장으로 구성되어 있다. 1장은 음식문화의 이해, 2~4장은 우리나라의 전통 음식문화, 통과의례음식 및 절기음식과 향토음식, 5~7장은 동북아시아, 동남아시아와 남아시아의 음식문화, 8~12장은 유럽, 아메리카와 오세아니아의 음식문화, 13장은 미래의 식생활과 푸드테크이다. 무엇보다 내가 날마다 먹고 생활하는 우리나라의 음식문화를 잘 알고 이해하기 위해서 더 자세하게 다루었고, 그 이외의 경우는 자연적 환경, 사회적 환경, 음식문화의 특징 및 대표음식 등을 자세하게 다루어 이해에 도움을 주고자 하였다.

관련 정보를 모두 수록하기에는 많이 부족하나 시간과 공간을 초월해 다양한 문화가 공존하는 글로벌 시대에 사는 현대인들에게 세계 각국의 고유한 음식문화의 이해를 통해 다른 나라의 문화에 대한 공감의 폭을 넓혀가고 즐기는 데 기여하고자 한다. 또한 어떤 나라의 음식을 접하든 쉽게 적응할 수 있도록 기본적인 정보를 습득할 수 있는 가이드북이 되기를 기대하며, 유익하고 새로운 정보를 지속적으로 수록할 수 있도록 노력을 기울이고자 한다.

끝으로 이 책이 글로벌 음식문화에 대한 정보를 필요로 하는 분들에게 도움이 되기를 바라며, 이 책이 출간되기까지 도움을 주신 전남대학교출판문화원 관계자들께도 감사의 마음을 전한다.

2023년 2월

저자 일동

목차

CHAPTER 01

음식문화의 이해

1. 음식문화의 정의
2. 음식문화의 형성과 변화
3. 음식문화의 특성
4. 음식문화의 구성 요소

음식 문화는 특정 사회에서 먹는 것에 관련하여 공통으로 나타나는 행동 양식 또는 여러 민족이 제각기 발달시켜 온 음식의 종류, 조리법과 상차림 및 식사예절 등 각 민족의 역사적·문화적 소산이며 식품을 조리·가공하는 체계와 식사 행동 체계를 통합한 문화라 할 수 있다.

1. 음식문화의 정의

문화文化는 '한 사회의 개인이나 인간 집단이 자연을 변화시켜온 물질적·정신적 과정의 산물'로 일반적으로 한 사회의 주요한 행동 양식이나 상징체계를 뜻한다. 어떤 집단의 구성원이 지닌 사고, 행동, 정보, 생활상 등이 세대와 세대를 거쳐 습득, 공유, 전달되면서 형성된 양식으로 유전적으로 생긴 행동이 아니라 후천적으로 획득된 학습 행동에 의해 형성되며, 자연환경에 적응하고 자유롭게 생활할 수 있도록 만들어진 생활양식이다. 따라서 문화는 민족의 전통문화로 연결된 사회 집단의 모든 사람에게 알려지고 몸에 배어 공유하게 되는 사고방식과 생활양식의 총합을 의미한다. 인간이 주어진 자연환경을 변화시키고 본능을 적절히 조절하여 만들어낸 생활양식과 그에 따른 산물들을 모두 문화라고 일컫는다.

음식문화는 '특정 사회에서 먹는 것에 관련하여 공통으로 나타나는 행동 양식' 또는 '여러 민족이 제각기 발달시켜 온 음식의 종류, 조리법과 상차림 및 식사예절 등 각 민족의 역사적·문화적 소산' 이며 '식품을 조리·가공하는 체계와 식사 행동 체계를 통합한 문화'라 할 수 있다. 이는 어떤 식품을 어떤 방식으로 조리 또는 가공하여 어떻게 먹는지에 대한 모든 면을 포함한다. 따라서 한 나라의 음식문화에는 식품의 생산·조리·가공, 상차림·도구·식기, 그리고 식습관과 같은 여러 요소가 포함되어 있으며, 각각의 요소마다 그 나라의 자연적·사회적·경제적인 조건과 그 민족의 특성이 내재하여 있다. 또한, 음식의 원재료를 만들고 조리하여 섭취하는 인간의 행위 및 행태라 할 수 있다.

2. 음식문화의 형성과 변화

수렵·채취 생활을 하던 원시 인류의 식생활은 동물이 먹이를 얻는 방식과 다르지 않았다. 그러다가 약 1만 년 전 농경이 시작되면서 인류의 식품 확보 방식은 커다란 변화를 가져왔다. 이 무렵부터 인류는 정착 생활을 하며 각 지역의 기후와 풍토에 맞는 작물을 재배하기 시작했다. 동아시아에서는 쌀, 중동과 유럽에서는 밀·보리·호밀 등의 맥류, 중남미에서는 옥수수와 감자, 아프리카에서는 얌·타로 등의 구근류가 주곡이 되어 쌀 문화권, 맥류 문화권, 옥수수 문화권, 구근류 문화권을 형성하게 되었다. 중동과 유럽 등지에서는 양·염소·소 등의 가축을 키워 그 고기와 젖을 이용했다. 농경과 목축을 통해 식량을 정기적으로 확보할 수 있게 되면서 주로 생산하는 재료를 중심으로 지역마다 고유의 음식문화가 싹트게 되었다.

이처럼 세계 각 지역의 음식문화는 자연환경에 기초하여 문명의 시작과 함께 형성되었다. 음식문화는 경제의 발전, 기술의 발전, 다른 민족과의 교역, 식민지배, 종교 등 제반 환경의 영향을 받으며 그 사회와 생태계에 적합한 형태로 변화하고 발전하였다.

한 민족의 고유한 음식문화는 지리적 위치와 생산되는 식품을 기본 재료로 하여 형성된다. 음식문화는 단순히 음식 자체만을 말하는 것이 아닌, 음식 재료, 조리 도구, 조리 시설, 그리고 그 지역이나 집안의 조리법, 음식을 먹기 위한 그릇, 도구, 상차림 등의 식생활 요소 모두 음식문화에 포함되며, 지역마다 다르게 전해지고 있다. 음식문화는 쉽게 변하지 않아 본래의 모습이 잘 보존되므로 한 민족의 문화를 파악하기에 매우 적합하여 음식은 해당 지역의 문화를 알리는 유용한 도구로 이용되기도 한다.

오랜 생활 축적되어 완성되는 음식문화는 그 민족 고유의 문화와 민족을 형성하는 역사학, 지리학, 민속학, 인류학, 언어학 등을 포함하는 민족학에 바탕을 둔다. 그러나 인간의 식생활은 역사성 이외에 지역별 자연환경에 따라 생산되는 그 지역의 특산물을 활용하여 서로 다른 음식문화를 형성해 왔다. 지역에 따라 기후나 토질 등 자연환경의 차이가 크기 때문에 생산되는 식생활 자원의 종류나 생산량, 그리고 가공·조리법이 오랜 세월에 걸쳐 각기 다르게 발달하였다.

3. 음식문화의 특성

음식문화는 문화의 한 영역으로, 문화가 갖는 특성을 그대로 갖고 있다.

첫째, 음식문화는 생물학적으로 타고나는 것이 아니라, 자신이 속한 사회의 구성원에 의해 학습된다. 이렇게 학습된 음식문화는 세대에서 세대로 전달되며 사회화되는 과정을 거친다.

둘째, 음식문화는 여러 가지 요인에 의해 끊임없이 변화한다. 따라서 현재의 음식문화와 과거의 음식문화는 다를 수밖에 없다. 음식문화의 변화에는 생태적인 환경 변화뿐 아니라, 사회적·경제적·정치적 환경 등 다양한 요인이 영향을 미친다.

셋째, 음식은 상징성을 지니고 있다. 때에 따라서는 하나의 음식이 한 나라의 상징물이 될 만큼 음식이 갖는 상징성이 강하다. 그러나 음식의 상징성은 문화권마다 다르게 발달하기 때문에 같은 음식이라도 지역마다 상징하는 의미가 달라진다.

4. 음식문화의 구성 요소

1) 식품의 획득과 선택

인간이 실제로 먹는 음식은 매우 제한되어 있으며, 문화권에 따라 어떤 음식을 선택하느냐가 달라진다. 가장 대표적인 차이는 주식으로, 기후와 토양 등 자연환경이 비슷한 지역에서는 대부분 같은 식품을 주식으로 한다. 주식이 결정되면 주식 이외의 식품 선택이 달라지며, 조리나 가공법, 상차림과 식사예절에서도 차이가 나타나므로 주식은 음식문화에 있어 가장 중요한 요소 중 하나라고 할 수 있다. 사회마다 주식은 강한 상징적 의미를 지니고 있으므로 쉽게 변하지 않는다.

세계인의 식생활은 주식에 따라 쌀 문화권, 밀 문화권, 옥수수 문화권 등으로 나눌 수 있다. 세계 인구의 ⅓은 쌀을, ⅓은 밀을, 나머지 ⅓은 옥수수, 감자, 보리, 호밀, 고구마, 카사바 등을 주식으로 활용하고 있다. 이처럼 대부분 지역에서 곡류나 서류 등 탄수화물 식품을 주식으로 섭취하고 있지만, 이누이트(알래스카주, 그린란드, 캐나다 북부와 시베리아 극동에 사는 원주민)가 사는 지역처럼 육류가 주식인 곳도 있다.

① 쌀 문화권

기후와 토양이 쌀의 재배에 최적인 아시아권에서는 쌀을 주식으로 이용하였다. 벼는 인도의 갠지스 강 유역에서 재배되기 시작하였으며 방글라데시, 미얀마, 태국, 라오스, 캄보디아, 베트남, 인도네시아, 필리핀 및 중국 남동부와 대만, 한국, 일본 등에서 쌀을 주식으로 하는 음식문화가 형성되었다.

② 밀 문화권

밀은 기원전 6000년경 카스피 연안에서 재배되기 시작하였으며, 중동의 아프가니스탄이 원산지로 소맥으로도 불린다. 밀을 재배하는 지역은 주로 건조한 곳이어서 목축이 많이 발달하였으며, 밀 재배와 목축업이 적합한 유럽에서는 밀가루를 이용하여 발효시킨 빵을 만들어 주식으로 하는 음식문화가 형성되었다.

③ 옥수수 문화권

멕시코, 페루, 칠레 및 아프리카 지역에서는 옥수수를 주식으로 하는 음식문화가 형성되었다. 옥수수를 낟알 그대로 또는 거칠게 갈아서 죽을 쑤어 먹는 지역도 있고, 옥수수가루로 반죽하여 둥글고 얇게 펴서 구워 먹거나, 삶아서 낟알 형태로 먹기도 하였다.

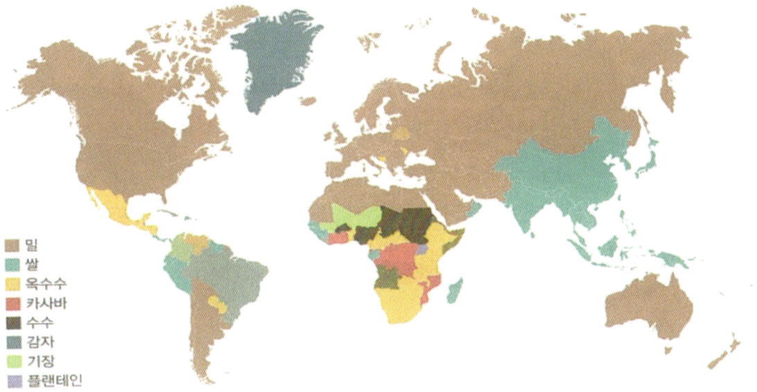

1 2 3

1. 쌀 문화권
2. 밀 문화권
3. 옥수수 문화권

세계의 주식

2) 조리 및 가공 방식

세계 여러 국가는 같은 식품으로 서로 다른 조리법을 만들어 발전시켜 왔다. 원산지에서 토르티야tortilla 같은 납작한 빵 형태로 조리해 먹던 옥수수는 유럽에 전해진 뒤 가난한 농부들에 의해 폴렌타polenta 같은 죽 형태로 조리되었다.

조리법의 발달에는 여러 가지 요인이 영향을 미치지만, 기본적으로 자연적인 환경이 영향을 준다. 물이 부족한 지역에서는 물을 최대한 적게 사용하는 방향으로 조리법이 발달하였다.

조리법은 음식을 먹는 방법과도 관련이 있다. 손으로 먹거나, 젓가락, 나이프와 포크 등 사용하는 도구에 따라 조리법이 달라졌다.

3) 상차림과 식사예절

예의를 표현하기 위한 구체적인 규칙을 예절이라고 한다. 예의를 어떤 언어와 동작으로 표현하는가는 사회에 따라 다르며, 식사예절 역시 마찬가지다. 인간이 특정한 식사예절을 만들고 발전시켜 온 이유는 차이화의 수단으로 인간과 동물과의 차이, 인간과 인간과의 차이를 표현하기 위해 식사예절을 발전시켰다. 인간이 젓가락이나 포크, 나이프 등 식사 도구를 발달시킨 것은 손으로 먹는 것이 식사 도구를 사용하지 않는 동물의 행동에 가깝다는 개념이 일반화된 다음이다. 식사예절은 신분이나 계층을 구분하기 위한 수단으로 활용되어 서양에서는 귀족들이 예절을 만들어 하위계층과의 차이를 표현하였다. 또한, 식사를 같이하는 사람끼리의 상호 간섭을 조절하는 규칙이 필요하게 되었고, 이 규칙들이 의례화된 것이 식사예절이다.

4) 상차림 유형

상차림 유형은 음식을 개인에게 어떻게 분배하는지에 따라, 음식을 상 위에 어떻게 배치하여 차리는지에 따라 분류할 수 있다.

음식의 분배 방법에 따른 상차림 유형은 개별형과 공통형으로 구분한다. 개별형 상차림은 음식을 1인분씩 따로 담아 각 개인에게 제공하는 형태로 서양에서 1인분씩 접시에 음식을 담아서 제공하는 형태이고, 공통형 상차림은 아시아와 중동 및 아프리카 등에서 음식을 1인분씩 따로 담지 않고 같은 그릇에 담긴 음식을 함께 나누어 먹는 형태이다.

음식의 배치 방법에 따른 상차림 유형은 음식을 상 위에 어떻게 배치해 차려내는지에 따라 시간전개형과 공간전개형으로 구분한다. 시간전개형 상차림은 음식을 한꺼번에 차려내지 않고 먹는 순서에 따라 시간 차이를 두고 음식을 제공하는 방법이고, 공간전개형 상차림은 식사에 포함된 음식을 한꺼번에 상 위에 차려내는 방법이다.

CHAPTER 02

한국의 전통 음식문화

1. 한국 음식의 특징
2. 한국 음식의 종류
3. 한국 음식의 상차림

한국의 전통 음식문화의 특징은 음식에 이용되는 식품의 종류가 많고 조리법이 다양하여 음식의 맛도 제각기 다를 뿐만 아니라, 장류와 김치, 젓갈 등 저장 발효 식품이 발달한 것이다.

1. 한국 음식의 특징

우리 민족은 농경을 생활의 근본으로 살아왔기 때문에 쌀이나 보리 등 곡물로 만든 밥을 주식으로 하며, 떡이나 죽·국수 같은 여러 곡물 음식이 발달하였다. 곡물과 더불어 두류는 한국인의 식생활에서 빼놓을 수 없는 중요한 식품으로 다양한 가공품이 개발되어 전해 내려오고 있다. 우리나라는 음식에 이용되는 식품의 종류가 많고 조리법이 다양하여 음식의 맛도 제각기 다를 뿐만 아니라, 장류와 김치, 젓갈 등 저장 발효식품이 발달한 것이 특징이다. 또한 상차림과 식사 예법이 엄격하여 의례에 따라 준비하는 음식과 매달 특별한 날을 정해 놓고 계절에 맞는 별미 음식을 즐겨 먹었다.

1) 한국의 반상 차림은 밥과 반찬을 상호 보완적인 관계로 구성하고 있다.

한국의 반상은 밥과 반찬의 내용과 구성이 영양과 맛 등에서 서로 보완될 수 있도록 구성된 것이므로 한 끼의 식사로써 분리할 수 없는 일체성을 이루고 있다.

주식으로는 오곡 가운데 주로 쌀을 이용하였다. 쌀은 한국인의 식생활에서 빼놓을 수 없는 중요한 식품이며 조상의 혼이 깃들어 있다고 믿었다. 부식인 반찬으로는 채소·육류·어류·해초 등으로 같은 재료가 중복되지 않도록 하고, 조리법도 다르게 하여 영양적인 면과 시각적인 면에서 상호 보완하였다.

반상은 한 상에 모두 모아 차리는 공간전개형 형식으로 정착되었고, 가장 간단한 3첩 반상의 차림에서도 밥, 국이나 김치, 나물, 생채, 구이나 조림을 차려 열량과 영양소의 균형을 이루게 하였다. 7첩 반상, 9첩 반상, 12첩 반상 등 반찬의 가지 수가 많아질수록 맛과 색 뿐만 아니라 찬 음식과 더운 음식의 배합, 식품의 종류, 조리법, 상차림 등이 더욱 다양해지는 장점을 갖고 있다.

2) 곡물류의 가공·조리방법이 다양하게 발달하였다.

곡물로 만드는 음식의 종류는 밥류, 죽류, 국수류, 술류, 엿, 식혜 등이 있고 콩류 가공 음식으로는 간장, 된장, 고추장, 두부, 두유 등이 다양하게 발달하여 식생활을 풍요롭게 하였다.

밥류에는 흰쌀밥과 여러 가지 잡곡(조, 수수, 보리, 콩, 팥 등)을 섞은 잡곡밥 이외에도 특유한 풍미가 있는 오곡밥, 찰밥, 밤밥, 약밥 등과 채소, 생굴, 버섯, 콩나물을 넣어 지은 별미밥, 비빔밥 등이 있다. 죽류에는 흰죽, 팥죽, 녹두죽, 콩죽 등이 있고 이외에 보양을 목적으로 끓이는 잣죽, 흑임자죽, 율무죽, 호두죽, 행인죽杏仁粥(살구씨와 쌀을 섞어 끓인 죽) 등이 있다. 떡류에는 증병(시루떡), 도병(멥쌀가루, 찹쌀을 시루에 쪄서 떡판에 쳐서 만든 떡으로 인절미, 흰떡, 절편, 차륜병 등), 송편, 증편, 유전병(곡분을 반죽하여 기름에 지진 떡으로 화전, 주악 등) 등이 있다. 술에는 멥쌀과 찹쌀로 만든 약주, 막걸리, 소주 등이 있다.

3) 여러 가지 저장식품이 발달하였다.

우리 밥상에는 언제나 김치가 있어야 하고, 모든 음식을 조리할 때 필요한 장류가 있어야 하며, 젓갈·장아찌와 같은 밑반찬이 준비되어 있어야 한다. 따라서 각 가정에서는 제철에 장과 젓갈을 담그고 나물을 말리며, 장아찌를 절이고 김장하기를 비롯하여 육포, 어포, 부각 등의 저장식품들이 발달하였다. 김치는 배추, 무, 열무, 오이 같은 채소를 소금물에 절여 물기를 뺀 다음 젓갈과 고춧가루, 파, 마늘, 생강, 미나리, 청각 등으로 양념을 한 대표적인 저장식품이다. 김치류에는 통배추김치, 총각김치, 동치미, 장김치, 파김치, 깍두기, 갓김치, 오이소박이, 보쌈김치 등이 있다. 젓갈에는 밥반찬용인 조개류로 담근 조개젓, 어리굴젓, 게젓 등이 있고 김치용 젓갈로는 멸치젓, 조기젓, 황석어젓, 새우젓 등이 있다. 장아찌는 채소를 물기 없이 생으로 또는 소금에 절여서 채소 자체의 수분을 빼서 간장, 된장, 고추장에 넣어 간이 배게 한 다음 양념에 무쳐 먹는 것으로 깻잎장아찌, 무말랭이장아찌, 마늘종장아찌, 통마늘장아찌, 고춧잎장아찌, 통오이장아찌 등이 있다.

4) 식사 용구의 상호 관계성과 식사예절을 소중하게 여겼다.

우리나라의 밥상 차림이 일상식 차림이고 밥을 주식으로 한 만큼 밥그릇에 대하여도 대체로 개인용 밥그릇과 대접 한 벌을 일반적으로 사용한다. 우리나라 식사 용구에서 숟가락·젓가락의 한 벌은 어느 나라에도 유례가 없는 문화요소의 특성이다. 우리나라 식생활 문화에서 숟가락은 밥그릇·국그릇과 상호 관계성을 갖는다. 우리나라 음식은 밀 문화권·육식 문화권의 음식처럼 마른 상태의 것이 아니다. 같은 쌀 문화권에서 비교할 때도 동남아 일대의 쌀처럼 부슬부슬한 밥이 아니고 끈기 있는 밥이다. 상용 식기에서는 일본처럼 그릇째 들어 올려 먹어야 할 작고 가벼운 목기류가 아니고 일찍부터 자기·유기·스테인리스 등을 썼고, 그 크기는 하루 소요 열량의 밥을 담을 수 있는 밥그릇을 상용하였다. 따라서 상에 고정시킨 채로 음식을 떠올려 먹는 것이 우리의 기본예절이다. 밥과 국은 이같이 숟가락으로 떠 올려야 편리하고, 젓가락은 반찬을 고르게 먹을 수 있도록 편리하게 만들어져 있다. 예로부터 숟가락·젓가락은 절대로 한 손에 쥐지 않고, 숟가락을 사용할 때에는 젓가락은 상위에 놓고, 젓가락을 사용할 때에는 숟가락은 보통 국그릇에 걸쳐 놓았다.

5) 잔칫상 차림은 일상식 구조와 다른 공동체 양식으로 형성되어 있다.

잔칫상의 음식 차림은 술과 찜, 전골, 구이, 전, 냉채, 포 등과 같이 술안주 음식을 중심으로 하고 여기에 떡·유과 등을 배합하고 마지막은 가벼운 국수장국으로 맺는다. 따라서 주·부식의 구분이 없는 구성이다. 이와 같은 상차림은 함께 모여 먹고 마시는 공동체 양식이었다. 밥상이 개인의 평소 영양 증진을 기본으로 한 상차림이라면 잔칫상은 사회적 매체의 기능을 중점으로 한 상차림이라

할 수 있다. 따라서 모임을 목적으로 하는 소속 집단으로서의 공동의식을 다질 수 있는 구성체로 꾸몄다. 잔치가 항상 있는 것이 아닌 만큼 잔칫상의 음식 또한 평소의 음식과는 다른 것으로 배합하였다.

6) 한국의 절식 풍속은 인간과 자연이 조화를 이룬 영양상 과학적인 식생활이다.

정월 초하루에는 떡국, 대보름에는 오곡밥과 묵은 나물·부럼, 추석에는 송편을 먹는 등 명절이나 절기에는 특별한 음식을 풍성하게 장만하여 이웃과 친척에게 두루 나누어 먹는 아름다운 풍습이 있다. 한 예로, 정월 보름 아침에 잣·호두·땅콩·밤 등의 견과류를 깨물어 먹으면 일 년 내내 부스럼이 생기지 않는다는 것이다. 견과류는 단백질도 함유하고 있지만, 필수지방산인 리놀렌산linolenic acid이 전체 구성 지방산의 73%를 차지하고 있다. 그러므로 약간만 섭취해도 필수지방산의 함량은 높다. 어린이의 경우 전체 열량의 1~2%만 섭취하여도 습진이나 피부병을 예방할 수 있다. 성인은 겨울에 지방식을 많이 섭취하게 되므로 혈청 콜레스테롤 함량이 높아지는데, 불포화지방산은 이를 낮추어 주는 효과가 있다. 또 α-토코페롤이 호두나 잣 등의 견과류에 많이 함유되어 있고, 이는 항지방성 인자와 항산화제로 작용하여 간 기능을 보호해줄 뿐 아니라 견과류 내의 필수지방산 산화를 막아준다. 밤의 주성분은 당질로 절반 이상이 전분이고 서당이 주가 된다. 또 아스코르브산을 포함하고 있어 정월 보름에 먹으면, 부족한 아스코르브산을 보충한다고 볼 때, 밤은 겨울철 음식으로 모세혈관의 탄력성에 도움을 준다. 이처럼 절식의 풍속은 인간과 자연이 조화를 이룬 영양적으로 과학적인 식생활이라 할 수 있다.

2. 한국 음식의 종류

1) 주식류

우리의 식생활은 주식과 부식의 구별이 확실하다. 주식이 되는 곡물 음식의 조리는 밥을 짓고, 죽·응이·미음 등의 유동식도 있다. 밀(소맥)을 가루로 한 밀가루로 국수를 만들거나 만두를 만드는 경우도 간혹 있으나 가장 일상적인 주식은 쌀로 지은 흰밥이다.

① 밥류

우리나라의 주식으로서 밥은 쌀을 조리의 기본 재료로 하고 보리·수수·콩 등의 곡물과 채소 등의 다른 재료를 함께 넣어 조리함으로써 독특한 맛과 영양 면에서 강화 효과를 나타낸다. 밥의 종류는 흰쌀밥과 여러 가지 잡곡(조, 수수, 보리, 콩, 팥 등)을 섞은 잡곡밥 외에 특유의 풍미가 있는 오곡밥, 찰밥, 밤밥, 약밥 등과 채소, 생굴, 버섯, 콩나물 등을 넣어 지은 별미밥, 비빔밥 등이 있다.

밥은 곡물에 물을 넣고 끓여서 전분을 호화시킨 것으로, 쌀에는 전분 이외의 다른 성분도 함께 존재하므로 쌀이 밥이 되는 과정은 전분이 단독으로 호화될

1 | 2 | 3

1. 흰밥
2. 오곡밥
3. 비빔밥

때와는 다른 면을 고려해야 하나 쌀의 조리에서 가장 중요한 것은 전분의 호화 현상이다. 쌀의 종류, 쌀의 양, 물의 양, 밥솥과 불의 종류, 뜸 들이는 불의 조절 등에 따라 맛이 달라진다.

② 죽·미음·응이

죽류에는 흰죽, 팥죽, 녹두죽, 콩죽 등이 있고 이외에 보양을 목적으로 끓이는 잣죽, 흑임자죽, 율무죽, 호두죽, 행인죽 등이 있다. 죽은 쌀, 보리, 조 등에 물을 많이 붓고 오래 끓여서 녹말이 완전히 호화상태로까지 무르익게 만든 것이고, 미음은 푹 고아서 체에 밭이며, 응이는 곡물을 곱게 갈아서 앙금을 가라앉혀서 가루로 말려 두었다가 물에 풀어 마실 수 있는 유동식 상태의 음식이다.

1 | 2 | 3

1. 흰죽
2. 녹두죽
3. 흑임자죽

③ 국수·만두와 떡국

국수는 조석朝夕의 식사보다는 잔치 때 손님 접대용으로 차리고, 평소에는 점심에 많이 먹는다. 만두와 떡국은 국수와 마찬가지로 간단한 주식이 된다. 만두는 남쪽 지방보다 북쪽 지방 사람들이 즐기고, 남쪽은 떡국을 더 즐긴다.

2) 부식류

우리 민족은 곡물을 중요하게 생각하여 밥을 주식으로 하고 여러 가지 반찬을 부식으로 함께 먹는다. 반찬으로는 채소·육류·어류 등을 재료로 하여 다양한 조리법을 이용한다.

① 국

국은 반상 차림에서 반드시 있어야 하는 국물 음식으로 탕湯·갱羹 또는 확臛이라고도 한다. 국의 종류는 청장이나 소금으로 간을 맞춘 맑은장국, 된장·고추장을 이용하여 만든 토장국, 고기를 오랫동안 고아서 만든 곰국, 오이·미역·다시마 등으로 약간 신맛을 내는 차가운 냉국 등으로 분류된다.

1 | 2 | 3

1. 무맑은장국
2. 아욱된장국
3. 미역냉국

② 찌개 및 전골

찌개는 국과 비슷한 조리법으로, 국보다는 건더기가 더 많아 ⅓은 국물, ⅔는 건더기이다. 국물 위주의 국보다 조금 더 짠 것이 특징이다. 조치란 찌개를 가리키는 궁중 용어로 찌개란 말보다 일찍부터 발달해 온 용어이다. 찌개에는 조미의 재료에 따라 된장찌개, 고추장찌개, 맑은 찌개 등으로 나눈다. 전골은 육류와 채소 등 여러 재료를 전골 그릇에 넣고 불 위에 올려 즉석에서 만들어 먹는 조리법이다.

1 ⁞ 2

1. 꽃게된장찌개
2. 애호박찌개

③ 찜·선

찜은 다양한 재료에 적당량의 국물을 붓고 은근한 불로 장시간 끓여서 양념의 맛이 주재료에 충분히 스며들도록 하고, 각 재료의 맛이 잘 우러나도록 하는 조리법과 증기로 쪄서 익히는 두 가지 방법이 있다.

1
2 ⁞ 3

1. 돼지갈비찜
2. 홍어찜
3. 오이선

선膳이란 좋은 음식을 뜻하는 궁중 조리 용어로 조리법이 찜과 비슷하다. 선은 식물성 재료에 쇠고기, 달걀 등 동물성 부재료를 소로 채우고 장국을 부어서 끓이듯이 쪄내는 방법으로 조리하거나, 또는 녹말가루를 뿌려서 찌기도 하고, 볶아서 초장을 찍어 먹는 것도 있다.

④ 조림·초

조림은 간장을 주로 이용하여 간을 강하게 조리하여 반찬으로 먹는 음식이다. 육류, 어패류, 채소류 등 다양한 재료가 조림에 이용되지만, 특히 생선에 많이 활용된다. 초炒는 조림과 비슷하면서도 다른 조리법으로 홍합초, 전복초 등이 있다. 초라는 단어 자체는 한자로 볶는다는 뜻인데, 실제로 볶아서 만드는 것이 아니라 간을 약간 달게 하여 조림처럼 끓이다가 국물이 조금 남았을 때 물녹말을 풀어 넣어 국물이 걸쭉하고 전체적으로 윤이 나도록 한다.

1. 고등어조림
2. 연근조림
3. 전복초

⑤ 전·적

재료를 얇게 저며 옷을 입혀서 기름을 두른 프라이팬에 지져낸 것을 통틀어 전 또는 전유어煎油魚라고 한다. 적은 육류에 채소, 버섯 등을 양념하여 꼬지에 꿰어 구운 것으로 산적, 누름적 등으로 나눌 수 있다. 산적은 익히지 않은 재료를 양념하여 꼬지에 꿰어서 직접 불에 굽거나 프라이팬에 굽는다. 누름적은 재료를 양념하여 익힌 다음 꼬지에 꿴 것이고, 재료를 양념하여 꼬지에 꿰어서 전을 부치듯이 밀가루와 달걀물을 입혀서 지지는 방법도 있다.

1 2

1. 육전
2. 누름적

⑥ 구이

구이는 인류가 불과 기구를 사용한 이래 가장 오랫동안 이용되어 온 방법으로, 식품 재료를 직화에 얹어서 조리하는 방법이다. 우리나라에는 상고 시대로부터 고기를 미리 양념장에 재워서 굽는 맥적貊炙이 있었고, 이는 불고기의 원조 음식이다. 구이의 조미는 소금으로 간을 하는 소금구이, 양념간장을 발라서 굽는 양념간장구이, 고추장양념구이의 세 가지로 나눌 수 있다. 양념이 많이 들어가면 구울 때 쉽게 타므로 처음에는 간장과 기름만을 섞어 발라서 애벌구이하고 다시 양념장을 발라 굽는 것이 타지 않게 조리하는 방법이다.

1 2

1. 숯불구이
2. 생선구이

⑦ 생채·숙채

생채는 계절마다 싱싱한 채소들을 익히지 않고 초장, 초고추장, 겨자장으로 무친 것으로 설탕과 식초를 사용하여, 달고 새콤하며 산뜻한 맛을 낸다. 숙채란 원래 '익힌 나물'이란 뜻이지만 일반적으로 숙채보다는 나물이라는 말을 흔히 사용한다.

1 2
3

1. 도라지생채
2. 취나물
3. 구절판

나물 즉, 숙채는 주로 채소·산나물·들나물·뿌리 등의 채소를 데치거나 삶거나 볶아서 갖은 양념을 하여 만든 것으로, 재료에 따라 조리법과 양념의 종류가 다르다. 나물의 조미는 참기름과 깨소금을 비교적 넉넉히 넣고 무쳐야 부드럽고 맛이 있다. 나물은 무쳐서 오래 두면 물기가 빠져서 맛이 없으므로 먹기 직전에 무치는 것이 좋다. 여러 재료를 복합적으로 합쳐 맛을 낸 구절판, 잡채, 탕평채, 냉채 등은 숙채에 해당한다.

⑧ 회·편육·족편

생회는 신선한 재료를 익히지 않고 초간장, 초고추장, 겨자즙, 기름소금 등에 찍어 먹는 것을 말한다. 생회는 쇠고기의 연한 살코기 육회와 간, 천엽, 양 등의 내장류의 갑회 그리고 생선회, 어패류회 등으로 나뉜다. 신선한 살코기를 날로 먹는 육회에 사용되는 부위는 기름기와 힘줄이 없는 우둔살이나 홍두깨살이 좋은데, 우둔살이 근육의 결이 섬세하고 부드러워서 육회용으로 더 적합하다. 일부 어패류와 채소류를 끓는 물에 데쳐서 익혀 먹으므로 숙회라 하고, 숙회로 이용되는 어패류에는 오징어·문어·낙지·새우 같은 연채류나 패류·갑각류가 많다.

1 2

1. 육회
2. 편육

채소에서 숙회의 재료로 주로 이용되는 것으로는 미나리, 실파, 두릅 등을 들 수 있다. 편육은 고기의 덩어리를 통째로 푹 삶아 물기를 빼 얇게 저민 것으로 숙편이라고도 한다. 쇠고기는 양지머리·사태·우설·우랑·쇠머리 등의 부위로 만들며 돼지고기는 삼겹살·목살·머리 부위를 이용한다. 편육과 비슷한 음식인 족편은 쇠족과 사태, 힘줄, 껍질, 꼬리 등에 물을 붓고 오랫동안 고아서 콜라겐을 젤라틴으로 전환한 죽상으로 만든 다음 그릇에 부어 차게 식혀서 굳힌 후 썰어서 초간장을 찍어 먹는다.

⑨ 김치와 젓갈

김치는 채소를 절여서 저장하며 발효시켜서 먹는 음식으로 우리의 반찬 중에 가장 기본이 된다. 발효되는 동안에 젖산균에서 생긴 신맛과 고추의 매운맛, 젓갈의 짠맛이 합해져서 김치 특유의 독특한 맛을 낸다. 김치는 다양한 재료를 넣어 영양적으로도 우수해 예전에는 채소가 부족한 겨울철에 비타민의 급원 식품이 되어 왔다. 김치는 계절, 지역, 주재료, 부재료, 형태 등에 따라 여러 가지로 나눌 수 있다. 젓갈은 어패류를 소금에 절여서 저장함으로써 어패류 자체의 효소작용으로 단백질 성분이 분해되면서 특유한 향과 감칠맛을 낸다. 젓갈류 중 멸치젓, 새우젓 등은 김치의 부재료로 사용되고 명란젓, 창난젓, 어리굴젓, 조개젓 등은 반찬으로 이용된다.

1 | 2 | 3

1. 통배추김치
2. 파김치
3. 젓갈류

⑩ 장아찌·마른반찬

장아찌는 밑반찬으로 많이 사용되는 채소 음식으로 채소를 날 것 그대로 만든 날장아찌와 익혀서 만든 숙장아찌가 있다. 보통 날장아찌를 장아찌라 부르고, 숙장아찌는 오랫동안 간장·된장 등에 박아두는 것이 아니라 익혀서 빨리 만드므로 갑장과 또는 숙장과라고도 한다. 마른반찬에는 고기·생선 등을 양념하여 말린 포, 건어물을 손질한 것, 해조류나 말린 어패류를 바싹 볶아 만든 것, 고기류를 바싹 조린 것, 식물성 식품에 찹쌀풀을 발라 말렸다가 기름에 튀긴 것 등이 있으며 고온 다습하지 않은 가을철·겨울철·봄철에 만든다.

1 | 2 | 3

1. 깻잎장아찌
2. 고추부각
3. 멸치볶음

3) 후식류

우리나라는 명절이나 잔칫날 또는 제삿날에 특별한 음식을 만들어 식사 전후에 먹었는데 이를 통틀어 후식류라 하며 이러한 음식은 떡류, 한과, 음청류로 나눌 수 있다.

① 떡류

떡은 우리나라 고유의 곡물 요리로서 농경문화가 정착한 뒤 오랜 역사를 지닌 전통음식 중 하나이다. 떡은 제사나 연회·통과의례 등에서 빼놓을 수 없는 중요한 음식으로 오늘날까지 전해져오고 있는데, 재료별로 보면 멥쌀로 만드는

1 2
3

1. 송편
2. 부꾸미
3. 화전

떡, 찹쌀로 만드는 떡, 그리고 잡곡이나 그 밖의 재료를 이용하여 만드는 떡으로 나눌 수 있다. 한편 조리기술이 다양해지면서 그 조리법에 따라 찌는 떡, 치는 떡, 빚는 떡, 지지는 떡으로 구분하기도 한다.

② 한과류

한과는 밀가루에 꿀이나 기름을 넣고 반죽해서 기름에 튀긴 유밀과, 찹쌀가루에 콩물을 넣고 반죽한 다음 충분히 섞어서 건조한 반대기를 기름에 튀겨내는 유과, 가루 재료를 꿀이나 조청으로 반죽하여 다식판에 박아내는 다식, 익힌 과일이나 채소 등의 재료를 조청이나 꿀에 조린 정과, 과일을 삶아 걸러서 묵처럼 굳힌 과편이 있다. 또한, 과일을 익혀서 다른 재료와 섞거나 졸여서 만드는 숙실과, 견과류나 콩·깨 등을 볶아서 꿀에 버무려 만드는 엿강정 등 여러 가지 종류가 있다.

1 2 / 3

1. 약과
2. 유과
3. 정과

③ **음청류**

우리나라의 전통 음청류에는 차게 마시는 화채류·식혜·수정과와 뜨겁게 마시는 차류가 있다.

1 2

1. 화채
2. 식혜

3. 한국 음식의 상차림

상차림이란 한 상에 차리는 주식류와 반찬류를 배선하는 방법으로, 우리 고유의 상차림은 차려지는 상의 주식이 무엇이냐에 따라 크게 분류할 수 있다. 일상식의 상차림은 밥과 반찬을 차리는 반상, 죽과 반찬을 차리는 죽상, 국수·만두·떡국 등을 차리는 면상 차림이 있으며, 손님을 대접하는 술과 안주를 차리는 주안상과 교자상 및 다과를 차리는 다과상이 있다.

우리나라 상차림의 특징은 한 상에 모든 음식을 차리는 공간전개형空間展開形의 상차림이다. 상의 형태는 둥근 원반, 네모반, 팔모반이 쓰인다.

나주반

해주반

통영반

반상차림 상의 종류

1) 반상 차림

반상 차림은 밥과 반찬을 주로 하여 차리는 상차림으로서, 한사람이 먹도록 차린 반상을 외상, 두 사람이 먹도록 차린 반상을 겸상이라고 한다. 반상은 전통적으로 외상이 기본인데 3첩, 5첩, 7첩, 9첩, 12첩으로 구분하며, 상차림은 조선 시대 후기에 정립되었다.

반상의 첩 수는 밥, 국, 김치, 조치류와 간장, 초간장, 초고추장을 제외한 나머지 반찬 수를 말한다.

식생활 양식이 달라진 오늘날에는 옛날의 제반 원칙을 그대로 따를 수는 없지만, 우리 고유의 상차림 원칙을 알아두고 융통성 있게 활용하면 된다.

3첩 반상은 일반 서민들의 상차림이었고, 5첩 반상은 어느 정도 여유가 있는 계층의 상차림이었으며, 7첩 반상은 일반 서민들이 잔칫상을 차릴 때 많이 이용하였고, 9첩 반상은 반가 최고의 상차림이었으며, 12첩 반상은 궁중에서 차리는 수라상 차림이었다.

반찬의 종류를 정할 때는 재료와 조리법이 중복되지 않도록 하고, 계절에 따라 식품을 선택하여 계절감을 살려 준비한다. 즉, 육류, 채소류 등을 골고루 이용하여 다양한 조리법으로 만들고 색깔의 배합도 고려하여, 음식을 대했을 때 식욕을 돋을 수 있도록 구성한다.

① 3첩 반상

3첩 반상은 기본적인 밥, 국, 김치, 간장, 찌개류 외에 세 가지 반찬을 차리는 반상이다. 3첩에 해당하는 음식으로는 숙채, 생채, 구이 또는 조림 중 한 종류를 선택하면 된다.

② 5첩 반상

5첩 반상은 기본적인 밥, 국, 김치, 간장, 초간장, 찌개류 외에 다섯 가지 반찬을 차리는 여유 있던 반가의 반상 차림이다. 5첩에 해당하는 음식으로는 숙채, 생채, 구이 또는 조림 중 한 종류, 전, 마른반찬 또는 젓갈 중 한 종류이다.

③ 7첩 반상

7첩 반상은 기본적인 밥, 국, 김치, 간장, 초간장, 초고추장, 찌개, 찜 외에 일곱 가지 반찬을 차리는 여유 있던 반가에서 생일이나 손님이 왔을 때 차리던 상차림으로 반가에서는 9첩까지만 허용하였다. 7첩에 해당하는 음식으로는 숙채, 생채, 구이, 조림, 전, 마른반찬 또는 젓갈 중 한 종류, 회를 차린다.

반상 차림의 구성

	밥	국	김치	장류	찌개류 (조치류)	숙채	생채	구이	조림	전류	마른반찬 /젓갈	회
3첩 반상	○	○	○	간장	×	○	○	○ (혹은 조림)				
5첩 반상	○	○	○	간장 초간장	찌개류	○	○	○ (혹은 조림)		○	○	
7첩 반상	○	○	○	간장 초간장 초고추장	찌개 찜	○	○	○	○	○	○	○
9첩 반상	○	○	○	간장 초간장 초고추장	찌개 찜	○	2	2	○	○	○	○
12첩 반상	○	○	○	간장 초간장 초고추장	찌개 찜	2	2	2	○	전 편육	○	2

3첩 반상

5첩 반상

7첩 반상

9첩 반상

12첩 반상

2) 죽상 차림

죽상은 이른 아침에 초조반으로 내거나 간단히 차리는 상차림으로 미음, 응이, 죽 등의 유동식을 기본으로 하고 간단한 반찬을 차린다. 죽상에 올리는 김치류는 나박김치나 동치미로 하고, 찌개는 젓국이나 소금으로 간을 한 맑은 조치이다. 그 외에 육포나 북어무침, 매듭자반 등의 마른반찬을 두 가지 정도 차린다.

3) 면상 차림

면상 차림은 밥을 대신하여 주식을 국수나, 만두, 떡국으로 차리는 상으로 점심 또는 간단한 식사 때에 차린다. 그리고 생일, 회갑, 혼례 등의 경사 때에 많이 이용한다. 반찬으로는 찜, 겨자채, 전유어, 잡채, 편육, 전, 배추김치, 나박김치 등이 상에 오른다.

1 2
1. 죽상
2. 면상

4) 주안상 차림

주안상은 술을 대접하기 위해 차리는 상으로 청주, 소주, 탁주 등과 같은 주류酒類와 함께 전골이나 찌개 같은 국물이 있는 뜨거운 음식과 전유어, 편육, 회, 육포, 어포, 부각, 겨자채 또는 잡채, 김치 등을 술안주로 낸다. 내는 술의 종류에 따라 음식의 조미를 고려한다.

5) 교자상 차림

교자상 차림은 명절이나 집안에 경사가 있을 때 큰 상에 음식을 차려 놓고 많은 사람이 함께 둘러앉아 식사할 때 차리는 상이다. 주식은 떡국, 만두, 온면, 냉면 중에 계절에 맞는 것을 차리고, 탕, 찜, 전, 편육, 적, 회, 겨자채, 잡채, 구절판, 신선로 등을 놓는다. 김치는 배추김치나 오이소박이, 나박김치 중에서 두 가지를 상에 차리고, 후식으로는 각색 편, 숙실과, 생과일, 화채, 차 등을 상에 올린다. 일반적으로 고급 재료를 사용하여 여러 가지 음식을 많이 만들어 대접하려고 하는데, 종류를 지나치게 많이 하는 것보다 몇 가지 중심이 되는 음식을 특별히 잘 만들고 이와 조화가 되도록 색깔이나 재료, 조리법 등을 고려하여 몇 가지 다른 음식을 마련하여 곁들이는 것이 좋다. 요즈음은 음식을 낼 때 처음에는 두 가지 정도 내고 그 음식을 다 먹을 때쯤 해서 다음 음식을 제공하듯 2~3 차례 나누어 내도록 하고, 후식류는 주 음식이 끝나면 상 위를 깨끗이 치우고 제공하던가, 자리를 바꾸어서 하도록 한다.

1 2

1. 주안상
2. 교자상

CHAPTER 03

한국의 통과의례 음식과 절기음식

통과의례 음식은 사람이 태어나서 삶을 마감하기까지 통과해야 하는 의례에 그 의미를 상징하는 음식을 말하고, 절기 음식은 해마다 같은 시기에 주기적으로 반복되는 전승적인 행사로 개인의 행사가 아닌 집단의 공동 관습으로 다달이 있는 명절에 차려 먹는 음식이다.

1. 통과의례음식

통과의례通過儀禮, rite of passage란 사람이 태어나서 삶을 마감하기까지 평생 사는 동안 인생의 중요한 매듭을 짓는 단계를 통과해야 하는 의식이나 의례를 말하고, 평생 누구나 다 겪는 일이지만 인생의 고비를 순조롭게 넘길 수 있기를 소망하며 이때를 특별히 기념하기 위하여 각 의례를 상징하는 의례 음식을 마련하여 상차림을 한다.

동양 문화권에서는 사례四禮를 치르는 일을 매우 중요하게 생각한다. 사례란 관례冠禮, 혼례婚禮, 상례喪禮, 제례祭禮를 말하며, 통과의례는 개인이 혼자서 행하는 의례가 아니라 공동체의 구성원들이 함께 치르는 문화 행위이다. 어려운 일이 있을 때는 함께 그 어려움을 나누어 고통을 덜고 견뎌내며, 기쁜 일이 있을 때 그 기쁨을 함께 나눔으로써 개인의 기쁨을 공동체의 기쁨으로 확대한다.

1) 출생·삼칠일

임부가 아이를 낳을 때가 가까워지면 쌀과, 길고 넓은 좋은 미역을 준비하여 꺾지 않고 정결한 곳에 둔다. 해산이 시작되면 윗목에 순산하도록 기원하는 삼신상三神床을 마련한다. 삼신상에는 소반에 쌀을 소복이 담고 그 위에 산곽産藿(아이를 낳은 사람이 먹을 미역)을 걸치고 정화수를 한 그릇 떠서 놓는다. 아기가 태어나면 곧 삼신상에 차려 놓았던 쌀과 미역을 내려다가 '첫국밥'을 지어서 각각 세 그릇을 떠서 먼저 삼신상에 다시 차려 놓고 산모에게도 먹인다. 첫국밥을 끓일 때는 산모를 위한 쌀밥을 따로 하고 장독에서 새로 간장을 떠다 미역국을 끓인다. 아기의 삼칠일(한 이레, 두 이레, 세 이레)이 되는 날에도 쌀밥과 미역국에 나물 몇 가지만 장만하여 간소하게 밥상을 차린다.

1 ⁝ 2 1. 출산 전 삼신상
2. 출산 후 삼신상

2) 백일상

아기가 태어나 백 일째 되는 날에 차리는 상이다. 백일에는 쌀밥과 미역국 외에 '백설기'를 찐다. 백설기는 멥쌀로 빻은 가루로 깨끗하게 찐 '설기떡'이며, 백색무구白色無垢의 떡으로 출생의 신성함을 경건한 마음으로 축하하는 의미를 갖는다. 백일 날의 백설기는 친척과 이웃집에 돌려서 백 집에 나누어 먹으면 아기가 수명 장수하여 백수한다고 하였다. 백일 떡을 받은 집에서는 그릇을 씻지 않고 실이나 돈을 담아 답례로 주었다.

3) 돌상

돌상은 아기의 첫 생일 즉, 돌을 축하하는 뜻으로 돌잡이 할 때 차리는 특별한 상차림의 하나이다. 돌상의 주요한 음식은 '백설기'와 '수수팥떡'이다. 백설기는 신성한 마음을 담은 백색무구한 음식이고, 수수팥떡은 붉은색의 찰수수로 경단을 빚어 삶고, 붉은팥을 삶아서 만든 팥고물을 묻힌 떡으로, 적색이 제액除厄할 수 있다는 토속적인 믿음에서 비롯한 풍습의 하나이다. 돌상에는 백설기와 수수팥떡 외에 5색으로 물들인 송편을 놓고, 대추, 사과, 배, 감 등 제철의 과일을 놓으며, 그 앞으로 쌀 한 그릇, 붓, 가훈이나 조상이 쓴 책, 활, 돈, 청·홍 비단실 한 타래와 무명실 한 타래를 쌀그릇 위에 얹어 놓는다.

1. 백일상
2. 남아 돌상
3. 여아 돌상

이렇게 차린 돌상 앞에 돌맞이의 어린이가 서서 돌상 위의 물건을 집는 것을 보며 그 아기가 장차 어떤 사람이 될 것인가를 미리 점쳐 보는 돌잡이를 하고, 어른들은 이것을 지켜보면서 장수를 빌고 부귀를 기원한다.

4) 혼례 음식

① 전통혼례의 절차

혼례는 혼담이 오가는 것에서 시작하여 길고 복잡한 의례가 따른다. 이러한 절차가 진행되는 과정에서 그 의례의 의미에 맞는 음식이 준비된다. 우리나라의 전통 혼인 절차는 혼담婚談, 납채納采, 납기納期, 납폐納幣, 대례大禮, 우귀于歸로 중국의 주자 사례가 영향을 미쳤다.

- **혼담婚談** : 남가男家에서 청혼하여 여가女家에서 허혼하는 절차이다.
- **납채納采** : 신랑의 생년월일시를 적은 사주四柱를 보내는 절차이다.

- **납기**納期 : 혼인날을 택일해 보내는 절차이다.
- **납폐**納幣 : 정혼의 성립을 나타내기 위해 신부 집으로 서신과 폐물을 보내는 절차이다.
- **대례**大禮 : 신랑이 여가에 가서 혼례를 행하는 절차이다.
  - ✓ 전안례奠雁禮 : 혼인의 첫 번째 순서로 신랑이 기러기를 드리는 의식을 전안례라 하며 홀기에 따라 진행된다. 기러기가 가지고 있는 세 가지 덕목을 본받자는 뜻이며 그 세 가지 덕목은 첫째, 기러기는 사랑의 약속을 영원히 지킨다. 수명이 150~200년인데, 짝을 잃으면 결코 다른 짝을 찾지 않고 홀로 지낸다. 둘째, 기러기는 상하의 질서를 지키고 날아갈 때도 행렬을 맞추어 앞서 가는 기러기가 울면 뒤따라가는 기러기도 화답을 하며 예를 지킨다. 셋째, 기러기는 왔다가 가는 흔적을 분명히 남기는 속성이 있다. 이러한 기러기를 본 받아 훌륭한 업적을 남길 수 있는 사람이 되라는 뜻으로 기러기를 놓고 예를 올리는 것이다.
  - ✓ 교배례交拜禮 : 전안례가 끝나면 신랑과 신부는 초례청에서 처음으로 상대방을 보게 된다. 상견이 끝나면 신랑과 신부가 서로 상대방에게 절을 한다. 이 교배례로서 두 사람은 상대방에게 백년해로를 서약하는 것이다.
  - ✓ 합근례合根禮 : 신랑·신부가 한 표주박을 둘로 나눈 잔에 술을 따라 마시는 의례로 술은 부부로서의 인연을 맺는 것을 의미하며 표주박에 따라 마시는 술은 부부의 화합을 의미한다. 합근례 때는 신랑·신부는 3번 술을 나누어 마시는데 그 첫 번째 잔은 지신에게 감사하는 뜻으로 고시레하는 잔이며 둘째 잔과 셋째 잔은 표주박에 담아 나누어 마심으로써 부부의 화합을 기원하는 잔이다.
- **우귀**于歸 : 신부가 신랑을 따라 시댁으로 들어가는 절차이다.

② 혼례 음식

혼례 음식은 봉채떡, 초례상(대례상, 교배상, 동뢰상), 큰상, 폐백음식 등이 있으며 각 의식에 따라 상차림을 한다.

봉채떡은 일명 봉치떡이라고도 하는데 납폐 의례 절차 중에 차려지는 혼례음식이다. 납폐는 신랑 쪽에서 신부 쪽에 혼서와 채단인 예물을 함에 담아 보내는 의례를 말하는데, 이 함을 받기 위해 신부 집에서 준비하는 음식이 봉채떡이다. 찹쌀 3되에 붉은팥 1되 비율로 시루에 2켜만 안치고, 위 켜 중앙에 대추 7개와 밤을 둥글게 돌리고 함이 들어올 시간에 맞추어 찐다. 함이 오면 받아 시루 위에 놓고 북향으로 재배한 다음에 함을 연다. 봉채떡을 찹쌀로 하는 것은 부부의 금실이 찰떡처럼 잘 화합하기를 기원하는 의미이고, 두 켜만 안치는 것은 부부 한 쌍을 뜻한다. 붉은팥은 액을 면하게 되기를 빈다는 의미가 담겨있고, 대추와 밤은 자손 번창을 상징하며 대추 7개의 숫자는 길함을 나타낸다.

초례상 음식은 동쪽에는 대추를 입에 물린 수어, 서쪽에는 밤을 물린 수어를 각각 한 마리씩 접시에 올려놓는다. 신랑 쪽에는 수탉, 신부 쪽에는 암탉을 각각 죽지를 새끼줄로 매서 상 밑에 또는 상위에 올려놓는데, 이는 동고동락의 의미가 담겨 있다. 목화씨는 동이에 가득 담아서 쌀 위에 놓고, 교배하는 술은 청주를 사용하며, 백자 술병에 담아 양쪽에 놓고 잔은 표배를 사용한다. 밤·대추를 각각 한 그릇씩 놓고, 정화수 한 그릇을 놓는데 정화수를 현주玄酒라 한다. 촛대 두 개에 원앙 촛불을 쌍으로 켜고 목안木雁(나무기러기)을 놓는다.

큰상은 넓고 네모난 모양의 상에다 앞줄에는 과정류와 생과류, 건과류, 편(떡), 정과류, 숙육류, 전, 적 등 각종 음식류를 약 10~30 cm 높이로 괴어 색깔을 맞추어 놓고, 그 안쪽에다 큰상을 받는 당사자가 먹을 수 있도록 '장국상'의 일습을 차려 놓는다. 큰상 양옆에는 색떡과 화수花樹(꽃이 피는 나무)로 장식한다. 큰상은 대청에 차려 놓았다가 대례大禮가 끝난 다음에 신랑·신부를 큰상 앞으로 인도한다. 큰상을 앞에 두고 축하가 끝나면 큰상에 차려 놓았던 음식들을 전부 석작에 각각 나누어 담는다. 이것을 상객이 돌아갈 때 인사 음식(이바지)으로서 지워서 보내면 일가 시댁 친척들이 나누어 먹는다.

신랑을 신부 집으로 데리고 오는 손님을 상객上客이라고 하고 갖가지 음식을 차려 대접한다. 상객 상에 차리는 음식은 국수 또는 떡국, 갈비찜, 생선찜, 어전, 육전, 편육, 족편, 육회, 어회, 적, 숭어만두, 신선로, 육포, 어포, 약식, 편, 조과(약과, 강정, 산자), 수정과, 식혜, 약주 등이다.

폐백상은 신부가 시부모님과 그 외 시댁의 가족에게 처음으로 인사를 드리는 예를 올리기 위하여 준비하여 가지고 가는 특별 상차림이다. 폐백상은 가풍에 따라서 그 풍습이 각기 다르나 대추, 밤, 곶감, 문어오림 또는 닭 등을 중심으로 한다.

- **폐백대추** : 굵은 대추로 골라 깨끗하게 씻은 후 그릇에 담고 표면에 술을 훌훌 뿌려서 따뜻하게 보온하면 대추가 불어나고 검붉은 색으로 부풀어서 보기 좋게 된다. 이렇게 손질한 대추에 잣(실백)을 위·아래로 박은 다음 다홍실에 한 줄로 꿴다. 대추를 꿰는 실은 도중에서 끊지 않고 한 줄로 꿰어야 하며, 이것을 다각형의 목쟁반에 돌려가면서 소복하게 담는다.
- **폐백밤** : 굵은 밤으로 골라 깨끗하게 씻은 후 물기를 닦고 다각형의 목쟁반에 소복하게 쌓아 담는다.
- **폐백곶감** : 굵은 곶감을 골라 가장자리에 가위집을 넣고 비틀어 잣을 박아 목쟁반에 소복하게 담는다.
- **폐백문어오림 또는 폐백닭** : 마른 문어발을 잘 드는 칼로 봉황과 꽃 모양 등을 오려 목쟁반에 한지를 깔고 담는다. 요즈음은 문어오림 대신 폐백닭을 만들어 폐백 상에 놓는다. 닭을 삼삼하게 간을 하여 찌거나 튀긴 후에 달걀지단·대추채·실백 등으로 고명을 얹어 장식하거나 색지로 곱게 꾸미기도 한다.

이렇게 만든 폐백 음식의 허리 부위에다 '근봉謹封'이라고 쓴 간지로 띠를 둘러 목쟁반에 담고 각각 홍색의 겹 보자기로 싼다. 홍색 보자기의 네 귀는 '금전지(보자기의 네 귀나 끈에 다는, 금종이로 만든 장식품)'를 깔고, 폐백 음식을 쌀 때에는 잡아매지 않고 중심으로 쥔 다음 근봉 간지로(3 cm 너비) 허리를 매듯이 돌려 모아 붙인다. 축하의 뜻과 결연의 의미가 담긴 음식이므로 얽매이지 않고 풀기 쉽게 하려는 뜻에서 생긴 풍속이다. 폐백상차림은 병풍을 두르고 돗자리를 깔며 상을 놓고 방석 두 개를 놓으며, 상에는 홍색 면이 겉으로 오도록 예탁보를 먼저 깐 후 대추는 시아버지 앞에, 포는 시어머니 앞에 놓는다. 곁상에는 술과 술잔, 구절판을 함께 놓는다. 폐백음식을 쌀 때에는 청홍 보자기에 싸며, 포는 청색이 겉으로 나오게 싸고 대추는 홍색이 나오도록 하여 네 귀에 근봉謹封지를 끼워 싸매고 아래로 늘어뜨려 잘 풀릴 수 있도록 한다.

이바지는 신부 집에서 신랑 집으로 보내는 것이 상례이지만 시댁에서도 그에 대한 보답으로 얼마간의 음식을 해 보내어 사돈 간의 정을 주고받는 아름다운 미덕을 느낄 수 있는 풍습이다. 이바지 음식은 그 집안의 솜씨와 가풍이 드러나는 것으로 집안에 따라 음식의 가짓수와 조리법이 다르다. 이바지 음식의 기본 항목은 떡, 과일, 약식, 고기, 밑반찬 등이다. 여기에 다른 특별한 음식을 더 추가하기도 한다. 보기 좋은 것이 맛도 좋다고 음식을 담는 그릇에도 신경을 써야 하는데 정갈한 대바구니나 전통용기에 담아 보자기로 얌전하게 싸도록 한다.

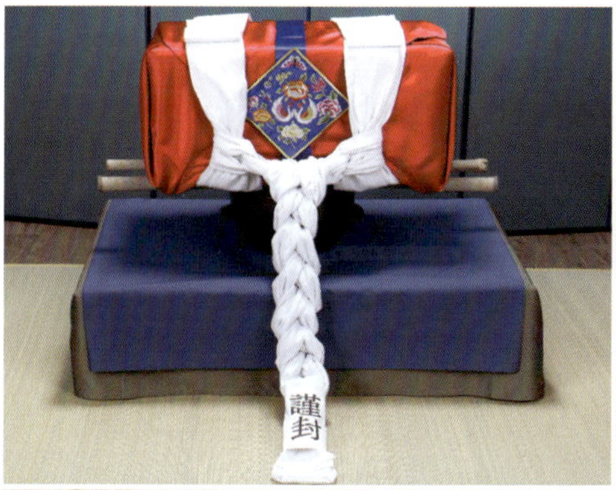

1 2
3

1. 함 받는 상
2. 초례상
3. 폐백상

또 신부의 어머니가 사돈지라는 편지를 동봉하는데 문안 인사와 부족한 딸을 아껴주고 가르쳐 달라는 사연을 적는다. 시어머니가 이런 이바지 음식을 받으면 그 답례로 며느리에게 큰상을 내렸고 이 음식의 일부를 다시 친정에 보냈다.

5) 회갑상 음식

회갑은 우리나라 나이로 61세(만 60세)가 되는 해 생일로 육갑六甲의 간지干支가 60년 만에 돌아온다는 뜻으로 이를 주갑周甲, 화갑華甲, 환갑還甲 등으로 부른다. 부모가 회갑을 맞으면 자손들이 모여 수연壽宴 의식을 행한다. 수연이란 인생의 장수를 기념하는 축하연으로 어른의 생신에 자손들이 큰상을 차려 올리고 절을 하면서 축수祝壽하는 것이다. 우리나라 나이로는 61세(만 60세)의 회갑, 70세의 고희古稀, 77세의 희수喜壽, 88세의 미수米壽, 일백세 생신의 백수百壽, 결혼 60주년의 회혼례回婚禮 등 장수를 축하하는 수연이 있지만, 그 가운데에서도 회갑을 가장 뜻깊게 기념하는데 옛날에는 요즘과 달리 수명이 짧아 회갑을 맞는 것은 인생의 복이라 여기기 때문에 수연을 베풀었다. 이때 고배상(과일이나 떡, 과자 같은 음식을 높이 괴어 올려 차린 큰상)을 차리고 차례차례 자손들이 절을 하고 잔을 올린다. 가족들의 헌주가 끝나면 일가친척, 친지들에게 국수장국을 중심으로 고배했던 음식을 고루 차려 대접한다. 수연상을 차리는 법은 지방이나 가문에 따라 약간의 차이가 있으나, 맨 앞줄에 과일류와 과자를 놓는 것이 기본이다. 상차림은 교자상 앞에 봉주상을 놓고 부모님 앞에는 입맷상을 놓고 고임은 교자상의 앞쪽으로 진음식을, 가운데에는 포와 편을, 맨 뒤에는 조과와 생과류를 놓는다. 큰상 안쪽에는 큰상을 받는 당사자가 먹을 수 있도록 장국상의 일습一襲인 입맷상을 차려 놓는다. 큰상은 양쪽 옆에 색떡과 화수로 장식한다. 큰상은 전체의 길이가 2 m 안팎의 것으로 규모가 크고 화려하며 경건한 느낌을 주는 차림이다. 이때 같은 줄의 음식은 같은 높이로 쌓아 올려야 하며 원추형 주변에 축祝, 복福, 수壽 자 등을 넣어 가면서 괸다. 각 고임에는 상화床花(음식 위에 장식된 꽃)를 꽂아 장식하며 큰상 앞에는 감, 포도, 고추, 오이, 가지 등의 갖가지 과채를 빚어 만든 꽃떡과 헌수할 술상을 놓아둔다. 큰상을 받는 당사자는 잔치 때에는 당사자 바로 앞에 차려 놓은 입맷상의 음식만 먹는다. 큰상은 잔치가 치러지는 동안에는 먹을 수 없고, 높이 고인 음식은 의식이 끝난 뒤에 여러 사람에게 나누게 되므로 그저 바라만 본다고 하여 망상望床이라고도 한다.

6) 상례 음식

상례란 사람이 운명하게 되면 그 주검을 갈무리해 장사지내며 근친들이 일정기간 슬픔을 다해 죽은 이를 기리는 의식 절차를 말한다. 출생이 일생의 통과의례 가운데 시작 의례라면 죽음은 마지막 의례이다. 망인에게 수의를 입히고 반함飯含을 한다. 즉, 버드나무로 깎은 숟가락으로 물에 불린 쌀을 조금씩 큰아들, 큰며느리, 작은아들, 셋째 아들 등의 순으로 세 번 입에 떠 넣어 이승의 마지막 음식을 드린다. 반함이 끝나면 시신 앞에 병풍을 치고 상을 차려 놓는다. 상례에 따른 음식은 상례 중에 올리는 전과 조석상식, 사잣밥 등이 있다. 사잣밥이란 망인亡人을 데리러 온 사자使者에게 주는 음식으로서 근래에는 거의 차리지 않는다. 저승사자는 보통 세 명(천신, 지신, 인신)이라 하여 밥 세 그릇과 나물 세 가지, 짚신 세 켤레, 동전 세 닢을 소반이나 채반에 담아 마당 가운데나 대문 밖 또는 담 옆에 차려 놓는데 지역에 따라 차이가 있다. 돈은 사자들이 노자로 쓰고, 먹고 갈 것과 신고 갈 것을 대접하는 것으로, 이것은 발인할 때 치운다. 전奠은 입관을 끝낸 뒤 상주가 아침, 저녁에 시신의 오른쪽 어깨 옆에 상을 차려 올리는 것이다. 밥, 국, 찬과 함께 포, 과일, 술을 올리는데 밥, 국, 찬 등 상하기 쉬운 것은 차렸다가 잠시 뒤에 치우고 과일, 포, 술은 새로 전을 올릴 때까지 두었다가 교환한다. 조석상식朝夕上食은 고인을 살아 계신 것과 똑같이 섬긴다는 의미에서 아침, 저녁으로 올리는 상이다. 상례 중에는 물론 장사를 치른 뒤 탈

상까지 조석으로 상식을 올린다. 이때는 망인이 생전에 쓰던 반상기에 평소에 들던 격식으로 밥과 국, 김치, 나물, 구이, 조림 등의 찬을 차린다. 특히 초하루와 보름날 아침은 삭망朔望이라 하여 음식을 정성껏 많이 차리고 곡성을 내며 제사를 지낸다.

7) 제례 음식

제례란 돌아가신 조상을 추모하여 지내는 의식이며 소상, 대상이 지나면 기일에 기제사를 지내는데, 사당에는 4대조까지 모신다. 정월 초하루와 8월 보름의 명절 차례는 밝은 이른 아침에 지낸다. 기제사 외에도 사시제 또는 시제를 모시는데 봄은 음력 2월, 여름은 음력 5월, 가을은 음력 6월, 겨울은 음력 11월에 날을 정하여 종친이 모여서 묘제를 지낸다. 제수祭需는 자손이 조상을 공경하는 뜻으로 음복한다.

① 제수

제수란 제사에 사용되는 여러 가지 음식과 재료를 말한다. 제수는 지방과 가풍에 따라 다를 수 있으므로 형편에 맞춰 제수를 정성껏 마련하면 된다. 제물을 많이 차리는 것보다 형편에 맞게 준비하여 추념의 정성을 다하고 자손에게 선조의 유훈, 유업을 일깨워 주어서 선조에 대한 존경을 갖게 한다.

- **메** : 쌀밥을 소복하게 주발에 담아 뜨거울 때 올린다.
- **갱 또는 탕** : 육탕 또는 소탕의 맑은 국을 끓여서 갱기나 탕기에 담는다.
- **삼탕** : 탕을 3탕 또는 5탕으로 하는데, 3탕일 경우는 육탕(쇠고기, 무, 다시마), 어탕(어패류), 소탕(북어, 다시마, 두부 등)을 하고 5탕이면 육탕, 어탕, 소탕, 봉탕, 잡탕을 한다. 탕은 건더기만 탕기에 담아 놓는다.
- **적** : 단적, 3적, 5적으로 하는데 3적일 경우는 육적, 어적, 소적(두부)으로 하고 5적이면 육적, 어적, 소적, 봉적, 채소적을 한다.

- ✓ 육적 : 쇠고기를 곱게 다져서, 갖은 양념하여 두께 2 cm, 길이 20 cm, 넓이 8 cm로 만들어 굽거나, 두껍게 저민 고기를 잔칼질 한 후 양념하여 굽는다.
- ✓ 어적 : 생선을 통으로 비늘을 긁고, 내장을 뺀 다음 소금에 절였다가 말린 후 양념장을 바르면서 굽는다.
- ✓ 봉적 : 닭의 배를 잘라서 납작하게 벌려 손질한 것을 살짝 삶아 익힌 다음 갖은 양념하여 재웠다가 굽는다.
- ✓ 소적 : 두부를 두껍게 저며서 기름에 지진다. 또는 북어를 물에 불려 뼈를 뺀 다음 토막을 내어 양념장에 재웠다가 굽는다.

- **간납** : 생선전, 육전 등 전류를 말하는데, 보통의 상차림 때보다 넓적하게 만든다.
- **나물** : 도라지, 고사리 등은 볶고, 시금치는 삶은 후 무쳐서 곁들여 담는다.
- **포** : 육포, 어포, 북어포, 건문어, 건전복 등을 이용한다.
- **편** : 시루떡으로 메떡과 찰떡으로 각각 마련하는데 고물로는 거피팥, 녹두, 깨고물 등을 쓰며, 붉은 팥고물을 쓰지 않는다. 메떡을 밑에 놓고, 찰떡을 위에 놓은 다음 부꾸미, 송편, 화전 등을 웃기로 얹는다.
- **식혜** : 제상에는 포혜라 하여 포와 식혜가 기본 차림으로 되어 있다. 식혜는 식혜의 밥알만을 건져 제기에 담고 위에 대추를 썰어서 세 조각을 얹어 놓는다.
- **숙과** : 강정류, 다식류, 전과 등을 놓는다.
- **잡과** : 약과, 만두과, 매작과 등을 놓는다.
- **건과와 생과일** : 밤, 대추, 곶감은 필수이고, 잣, 호두, 은행, 사과, 배 등 모든 생과일과 건과를 쓸 수 있으나 복숭아만은 금한다.
- **제주** : 청주를 사용한다.
- 무·배추·미나리로 나박김치를 담그는데 고추는 넣지 않는다.
- 간장, 초간장, 꿀을 담아 올린다.
- 고인이 평소에 즐기던 음식을 놓아도 무방하다.

② 제기

제기는 일상 시에 쓰는 기명과 구별하여 관리했다가 제삿날에 쓴다. 제기는 유기·목기·사기로 된 것을 사용하는데, 둥근 접시 밑에 굽이 6~7 cm 있고, 제기 접시가 크고 작은 것이 있으므로 제물의 양에 따라 사용한다. 편틀은 네모난 모양에 밑받침이 붙어 있고 장방형의 적틀이 있다. 그밖에 메·탕기와 장·식초 등을 담는 제기가 있다. 수저는 상에 내려놓지 않으며 시접匙楪에 올려놓는다. 그 외에 위패함位牌函, 제상, 촛대, 향로香爐, 향로와 향합香盒을 올려놓는 상인 향안香案, 퇴주기 등이 있다.

③ 진설법

제상은 가가례家家禮하여 각 가정의 범절에 따라서 내용이 다르고 진설법이 다르므로 통례에 따라 진설한다.

제사상

제상에서는 메진지와 갱羹의 위치가 정반대로 놓인다. 즉, 잡수시는 위치에서 오른쪽에 메가 놓이고 왼쪽에 갱이 놓인다.

제 1열에는 오른쪽부터 면, 메, 갱, 술잔을 진설한다. 제 2열에는 병, 탕을 놓고 제 3열에는 적, 제 4열에는 포, 생채, 숙채, 제 5열에는 대추, 밤, 곶감, 감, 배, 사과, 은행, 잣, 당속, 엿, 유과 등을 진설한다. 제사 때의 방위는 실제의 동서남북이 아니고 위패를 놓는 곳이 북쪽이 되고 제주가 제사를 지내는 곳이 남쪽이 된다.

- 시접거중匙楪居中이라 하여 수저를 담은 그릇은 위패 쪽 앞 중앙에 놓는다.
- 잔서초동盞西醋東이라 하여 술잔은 서쪽에 놓고 초첩은 동쪽에 놓는다.
- 반서갱동飯西羹東이라 하여 밥은 서쪽에, 갱(국)은 동쪽에 놓는다.
- 면서병동麪西餠東이라 하여 국수는 서쪽에, 떡은 동쪽에 놓는다.
- 어동육서魚東肉西라 하여 생선은 동쪽에, 육고기는 서쪽에 놓는다.
- 적접거중炙楪居中이라 하여 적은 중앙에 놓는다.
- 서포동혜·해西脯東醯·醢라 하여 포는 서쪽에, 생선젓과 식혜는 동쪽에 놓는다.
- 숙서생동熟西生東이라 하여 익힌 나물은 서쪽에, 생김치는 동쪽에 놓는다.
- 천산양수天産陽數, 지산음수地産陰數라 하여 하늘에서 나는 것은 홀수이고, 땅에서 나는 것은 짝수로 맞추어 놓는다.
- 두동미서頭東尾西라 하여 머리는 동쪽에, 꼬리는 서쪽으로, 배 부분이 위패 쪽을 향하게 놓는다.
- 홍동백서紅東白西라 하여 붉은 과일은 동쪽에, 흰색 과일은 서쪽에 놓는다.
- 조율시이棗栗柿梨라 하여 대추, 밤, 감, 배의 순으로 놓으며 기타 과일은 순서와 관계없이 놓는다.
- 건좌습우乾佐濕右라 하여 마른 것은 왼쪽에, 젖은 것은 오른쪽에 놓는다.

2. 절기음식

해마다 같은 시기에 주기적으로 반복되는 전승적 행사로서 개인적 행사가 아닌 집단적 공동 관습이 있다. 이러한 관습을 우리나라에서는 세시풍속이라 부르고, 중국에서는 세시, 월령月令이라 하며, 일본에서는 연중행사라 하고 있다.

세시음식은 절식과 시식이 있는데 절식이란 다달이 있는 명절에 차려 먹는 음식이고, 시식은 춘하추동 계절에 따라 생산되는 식품 재료로 만드는 음식을 말한다. 즉, 절기음식이란 우리의 책력인 태음력을 기준으로 하여 1년을 24절기로 나누고, 이 절기에 따른 계절의 변화에 따라 생산되는 식품을 재료로 하여 거기에 의미를 부여해 가며 음식을 만들어 먹는 것을 말한다.

우리나라의 세시풍속에 관한 문헌으로는 경도잡지京都雜志, 열양세시기洌陽歲時期, 동국세시기東國歲時期 등이 있으며, 조상 숭배, 농사 의례, 정서 순화 등의 의미가 있는 행사와 놀이, 액을 면하는 풍속과 함께 계절에 어울리는 특별한 음식을 만들어 먹었다.

이러한 절식 풍속은 설날, 중화, 단오, 유두, 추석, 상달, 납일 등이 있고, 벽사의 의미가 있는 절식 풍속으로 상원, 유두, 삼복, 동지 등이 있으며 계절적 생산성과 관계가 있는 절식 풍속으로 입춘, 중삼, 중구가 있다. 또한, 풍류와 관련된 절식 풍속으로 중삼, 중구가 있고, 보신을 위한 절식 풍속으로는 삼복 절식이 있다. 또, 종교문화를 배경으로 한 등석절식도 있다.

세시 음식은 제철에 나는 식품 재료를 최대한 이용하여 만들어졌다. 시·절식은 식보食補 즉, 몸을 보호하는 약의 의미가 강하였고, 이는 계절의 변화에 따르는 생리적 변화를 조절하여 건강을 지속시키는 방법이기도 하였다. 또한, 시절음식은 몸의 성장 발달 및 인체 대사에 필요한 영양소를 획득하는 성격이 강하게 나타나 영양소 보충의 의미가 크다.

1) 설날元日

설은 원일元日, 원단元旦, 세수歲首, 원조元朝, 신일愼日이라고도 한다. 묵은해를 보내고 새해의 첫날을 맞아 새로운 몸가짐으로 집안의 만복을 기원하며 세찬과 세주를 마련하여 조상께 차례茶禮를 드리는 날이다. 떡국, 만두, 약식, 인절미, 전유어, 단자류, 주악, 편육, 빈대떡, 강정류, 식혜, 수정과, 나박김치, 장김치 등과 함께 세주歲酒를 차린다. 설날부터 보름까지는 우리나라 고유의 민속놀이인 윷놀이, 널뛰기, 연날리기 등을 즐기며 연중의 평안을 기원했다.

- **떡국**餠湯 : 한양세시기漢陽歲時期에 정월 초하루에는 반드시 떡국을 먹는다고 하였으며, 옹희잡지雍熙雜志에는 조리법이 자세히 서술되어 있다. 떡은 멥쌀가루를 쪄서 떡판 위에 놓고 떡메로 쳐서 매끄럽고 치밀하게 되도록 한 다음 가래떡으로 만들어 얇고 어슷하게 썰어 떡국거리로 한다. 육수로는 쇠고기, 꿩고기, 닭고기 등을 쓴다. 고명은 따로 살코기를 다져 볶은 것과 황·백 지단을 쓰며 살코기와 움파를 꼬치에 꿰어 만든 산적을 얹기도 한다. 개성지방에서는 손으로 비벼 둥글고 길게 문어발 같이 늘려 놓은 떡(비빈 떡, 골무떡)을 장국이 펄펄 끓을 때 누에고치 모양으로 잘라서 만든 조랭이떡국을 끓이며, 충청도 지방에서는 생떡국, 이북 지방에서는 만둣국을 끓이기도 한다.
- **세주**歲酒 : 세주의 대표는 도소주屠蘇酒로 사람의 혼을 깨어나게 한다는 뜻이다. 육계肉桂, 산초山椒, 백출白朮, 방풍方風 등 여러 가지 약재를 넣어 만든 술로 설날에 마시면 병이 생기지 않고 오래 살 수 있다고 한다.
- **강정류** : 금화경독기金華耕讀記에는 세찬에 없어서는 안 되는 음식으로 기록되어 있으며, 고사십이집攷事十二集에는 강정 만드는 법이 자세히 기록되어 있다. 찹쌀가루를 술로 반죽하여 그늘에 말려서 튀긴 후 조청류를 바르고 그 위에 깨고물, 튀밥 고물(세반), 잣가루 등을 묻혀서 만든다.

2) 입춘立春

입춘오신반立春五辛盤이라 하여 움파, 산갓, 당귀싹, 미나리싹, 무 등의 다섯 가지의 시고 매운 생채 요리로 미각을 돋우었으며, 탕평채蕩平菜, 승검초산적, 죽순나물, 죽순찜, 달래장, 달래나물, 냉이나물, 산갓김치 등이 대표적인 음식이다. 추운 겨울을 지내는 동안 신선한 채소를 섭취하지 못하는 선인들에게는 비타민을 보충할 수 있는 좋은 절식이다.

3) 정월 대보름上元

대보름은 음력 정월 보름으로, 상원上元을 일컬으며 중원(7월 보름), 하원(10월 보름) 등 삼원 가운데 으뜸이다. 신라 시대부터 지켜온 명절로 달이 가득 찬 날이라 하여 재앙과 액을 막는 제일祭日이다.

- **귀밝이술耳明酒** : 보름날 청주 한잔을 데우지 않고 마시면 귀가 밝아진다고 하여 귀밝이술이라 하며, 1년 내내 좋은 소식만 들려오도록 기원하면서 마시는 술이다.
- **오곡밥** : 오곡반五穀飯 혹은 백 집에 나누어 먹는 것이 좋다는 뜻으로 백가반百家飯이라 하였으며 쌀, 조, 수수, 팥, 콩 등 다섯 가지 이상의 곡식을 섞어 지은 밥으로 평소 세 번 먹는 밥을 이날은 아홉 번 먹어야 좋다고 하여 여러 집에서 오곡밥을 서로 나누어 먹기도 하였다. 또한, 상원 날에는 다른 성姓을 가진 세집 이상의 밥을 먹어야 그 해의 운이 좋다고 한다.
- **약식藥食** : 찹쌀, 대추, 밤, 꿀, 잣 등을 섞어 찐 밥으로 약반藥飯이라고도 한다. 「삼국유사」에 보면 신라 소지왕 10년 정월 보름날에 왕이 천천정天泉亭으로 거동을 하였는데 난데없이 까마귀가 경고문을 전하고 날아가므로 즉시 환궁하여 역모하는 무리를 제거하여 무사하였다. 이에 정월대보름을 오기일烏忌日이라 정하고 까마귀에게 약식을 대접하였다고 한다.
- **묵은 나물** : 묵혀 두었다가 먹는 나물이라 하여 묵은 나물이라 한다. 고비, 도

라지, 석이, 표고, 무 등 말려두었던 여러 가지 나물 재료를 이듬 해 나물로 무쳐 먹으면 더위를 타지 않는다고 한다.

- **복쌈** : 김, 배춧잎이나 나물잎(취)에 밥을 싸서 먹는 것을 복쌈이라 하며, 여러 개 만들어 그릇에 볏단 쌓듯이 높이 쌓아서 성주신에 올린 다음 먹으면 복이 온다고 한다.
- **부럼** : 이른 새벽에 생밤, 호두, 은행, 잣, 무 등을 깨물며, 1년 동안 무사태평하고 종기나 부스럼이 나지 말라고 기원하면 1년 동안 부스럼이 나지 않고 이가 단단해진다고 하여 고치지방固齒之方이라고 한다.
- **원소병元宵餠** : 찹쌀가루를 갖가지 색으로 반죽하여 대추, 귤병, 유자를 소로 넣고 동그랗게 빚어 익힌 것을 꿀물에 띄워 먹는다.

4) 중화절식中和節食

정조 병진년(1766)에 음력 2월 초하루를 농사일을 시작하는 날로 삼고 노비일, 머슴날로 불렀으며 온 집 안을 깨끗이 청소하였다.

- **노비송편** : 정월 보름날 세워 두었던 볏가릿대에서 벼 이삭을 내려 큰 것은 손바닥만 하게, 작은 것은 달걀만 하게 흰떡을 빚어 팥, 콩, 꿀, 대추 등의 소를 넣어 솔잎을 깔고 쪄낸다. 예전에는 노비일奴婢日(머슴날)이라 하여 종들에게 나이 수대로 먹여 나이떡이라고 하며, 머슴들을 위로하고 격려하여 노비송편이라고도 한다.
- **시래기떡** : 김장철에 말렸던 시래기를 삶아서 양념하여 무쳐 송편의 소를 넣어 쪄 먹으면 일 년 내내 병과 액운을 면할 수 있다 하여 액막이로 먹었다.

5) 삼짇날

중삼 절식이라 하여 강남에 갔던 제비가 돌아온다는 명절이다. 삼월 삼일 들에 나가 두견화전, 화면, 수면, 진달래화채, 향애단, 쑥떡, 탕평채 등을 만들어 먹으며 봄을 즐겼다.

- **진달래화전** : 두견화전杜鵑花煎이라고도 하며, 진달래꽃을 따 꽃술을 빼고 곱게 빻은 찹쌀가루로 버무려 한 입에 먹을 크기로 둥글납작하게 빚어 참기름에 지지거나, 찹쌀가루를 반죽하여 진달래꽃과 쑥잎을 붙여 지진다.
- **진달래화채** : 오미자五味子를 찬물에 담가 우려내어 꿀을 달게 타고 진달래꽃의 꽃술을 뺀 뒤 녹두 녹말에 묻혀 끓는 물에 살짝 익혀 건져 오미자 국물에 잣과 함께 띄워낸 것을 진달래화채 또는 화면이라고 한다. 또한, 녹두 녹말을 반죽하여 익힌 것을 국수처럼 가늘게 썰어 오미자 국물에 띄우고 잣을 곁들인 것을 화면이라고도 한다.
- **수면**水麪 : 녹두 녹말을 물에 풀어 놋쟁반에 얇게 펴 끓는 물에 중탕하여 익히다가 반 정도 익으면 더운물 속에 담가 말갛게 익힌 뒤 찬물 속에서 얇은 조각을 떼어내어 돌돌 말아 채를 썰어 오미자 국물에 띄워낸 것으로, 창면, 책면이라고도 한다.
- **향애단**香艾團 : 향기로운 쑥을 데쳐 찹쌀에 섞어 경단을 만들고 꿀에 버무려 녹두 고물, 팥고물 등을 묻힌다.

6) 한식寒食

청명절淸明節이라고도 하며 동지로부터 105일째 되는 날이다. 이 날은 불을 사용하지 않는 날로, 찬 음식을 먹고 종묘, 능원에 제향을 지내며, 약주, 과일, 포, 식혜, 떡, 국수, 탕, 적 등을 성묘 갈 때 가지고 간다. 또한, 메밀국수를 해 먹는데 이것을 한식면이라 한다.

7) 등석절식燈夕節食

4월 초파일 석가탄신일에 집마다 연등하고 손님을 초대하여 유엽병, 미나리강회, 콩볶음 등 채소를 중심으로 한상차림을 대접한다.

- **유엽병**(느티떡) : 느티나무의 새싹을 쌀가루와 섞어 버무려 설기떡으로 찐다.
- **미나리나물** : 미나리를 끓는 물에 데치고 파를 섞어 초고추장에 무치는 나물로 강회를 만들기도 한다. 강회는 데친 미나리에 알지단, 고추 등을 넣어 말아서 초고추장에 찍어 먹는 음식이다.
- **콩볶음** : 검은콩을 깨끗이 하여 볶는다.
- **어채** : 생선을 가늘게 채 썰어 녹말을 입혀 데쳐서 담고 오이, 국화잎, 익힌 전복, 달걀지단 등을 곁들여 담거나 익힌 숙회로 초고추장에 찍어 먹는다.

8) 단오端午

음력 5월 5일로 천중절天中節, 중오절重五節이라고도 한다. 단옷날에 여자들은 창포를 달인 물로 머리를 감고, 창포 뿌리에 분홍 물을 들인 것을 머리에 꽂아 단장한다. 여자들은 그네놀이를, 남자들은 씨름을 명절놀이로 즐긴다.

- **수리취떡**艾葉餠, 車輪餠 : 술의취戌衣翠라고 불리는 잎을 잘 찧어서 떡에 섞으면 녹색으로 되는데 이를 수레바퀴 모양으로 만든다. 쑥을 데쳐서 넣은 것은 애엽고艾葉膏이다.
- **제호탕**醍醐湯 : 일종의 청량음료로 오매, 축사, 백단, 사향 등을 가루로 만들어 꿀과 함께 달여 항아리에 담아 두었다가 먹을 때 냉수에 타서 차가운 차로 마시는 것이다.
- **옥추단**玉樞丹 : 옥추단은 궁중 내의원에서 만들었다가 제호탕과 함께 단옷날 임금님께서 신하들에게 나누어 주던 것으로 일종의 구급약이다.
- **앵두편** : 앵두를 살짝 쪄서 굵은 체에 걸러 살만 발라서 설탕을 넣고 조리다가 녹두 녹말을 넣어 굳힌 것이다.
- **앵두화채** : 단옷날 민가에서 즐겨 먹는 청량음료로 앵두를 깨끗이 씻어 씨를 빼고 설탕이나 꿀에 재어 두었다가 먹을 때 오미자 국물에 넣어 잣을 띄운다.

9) 유두流頭

음력 6월 15일에 동쪽으로 흐르는 냇물에 머리를 감고 나쁜 액운을 떠내려 보내며 계곡에서 하루를 즐겼다. 떡수단, 증편, 보리수단, 상추쌈 등을 절식으로 한다.

- **떡수단** : 가래떡처럼 만들어 염주 알처럼 둥글게 빚어 오미자 국물에 넣고 꿀을 타서 얼음을 넣고 잣을 띄운 시원한 음료이다.
- **보리수단** : 깨끗하게 벗긴 햇보리를 삶아서 그 한 알 한 알에 녹두 녹말을 묻혀 살짝 데친 것을 오미자 국물에 꿀을 타서 띄우고 얼음을 넣고 잣을 띄운 음료이다.
- **유두면** : 햇밀가루를 반죽하여 염주알 같은 모양으로 잘게 만든 것을 다섯 가지 색으로 각각 물을 들여 세 개씩 색실에 꿰어 대문에 달아매면서 그 해 액운을 막았다고 한다.
- **상화병霜花餠** : 밀가루를 반죽하여 콩이나 깨에 꿀을 섞은 소를 싸서 찐 것이다.
- **연병蓮餠** : 밀가루를 기름에 지져서 오이 등의 나물 소를 넣거나 콩과 깨에 꿀을 섞은 소를 넣어 밀쌈과 같이 만든 음식이다.
- **편수** : 밀가루를 반죽하여 얇게 밀어서 손바닥만 하게 만들어 호박이나 오이를 잘게 썰고 쇠고기, 돼지고기를 섞어 양념하여 소를 넣어 네모지게 접는다. 초장을 찍어 먹는다.

10) 삼복三伏

하지 후 셋째 경일庚日을 초복, 넷째 경일을 중복, 입추 후 첫 경일을 말복이라 하며 이 셋을 통틀어 삼복三伏이라 한다. 가장 더운 절기이며 땀을 많이 흘려 피로를 느끼기 쉬우므로 몸을 보신하기 위한 음식을 즐겼다.

- **복죽伏粥** : 팥과 쌀로 죽을 끓여 먹어 더위를 이기며, 열병을 예방하는 주술적인 의미가 있다.
- **삼계탕蔘鷄湯** : 오골계를 백삼, 황기와 함께 섞어서 푹 곤 것이다. 혹은 영계에다 찹쌀과 백삼을 넣어서 고거나, 마늘만을 넣어서 고아도 좋다.

11) 칠석七夕

음력 7월 7일을 칠석이라 하며 견우와 직녀가 오작교를 건너 1년에 한 번 만나는 날이다. 부녀자들은 길쌈과 바느질을 잘하게 해 달라고 직녀에게 기원하며 집마다 옷과 책을 볕에 쪼이는 관습이 있다. 증편, 밀국수, 잉어와 넙치, 취와 고비나물, 복숭아화채, 오이소박이 등을 먹었다.

- **밀전병** : 밀가루를 체에 쳐서 묽게 반죽한 것에 곱게 채 썬 호박을 넣고 팬에 기름을 두르고 지져서 양념장을 찍어 먹는다. 칠석 이후에는 밀가루 음식은 철이 지난 것으로 밀 냄새가 난다고 했으므로 이 날이 마지막 밀 음식을 하는 날이다.

12) 백중白衆

음력 7월 보름날로 백중白衆, 백종百種, 중원中元, 망혼일亡魂日이라 하며 채소, 과일, 오이, 산채나물, 다시마튀각, 각종 부각, 묵 등 사찰음식을 차려 놓고 죽은 어버이의 혼을 부르는 날이다. 절식으로 게장, 게찜, 두부, 순두부, 햇과일, 떡, 어리굴젓, 멸치젓 등이 있다.

13) 추석秋夕

음력 8월 15일로 가배일嘉俳日, 중추절仲秋節, 한가위라고도 한다. 추석빔으로 단장하고 햇곡식을 추수하여 떡을 빚고 밤, 대추, 감 등의 햇과일을 따서 선조께 차례를 지내고 성묘하는 날이다. 음식은 오려송편, 토란탕, 화양적, 지짐누름적, 닭찜, 배숙, 율란, 조란, 밤초, 햇콩밥, 햇밤밥, 송이산적, 송이찜, 햇과일 등이 있다.

- **오려송편** : 햅쌀로 만든 송편을 오려송편이라 한다. 햅쌀을 빻아 익반죽하여 햇녹두, 청대콩, 거피팥, 참깻가루 등을 소로 하여 반달 모양으로 송편을 빚는다.
- **토란탕** : 토란이 많이 나는 계절이므로 소금을 넣은 쌀뜨물에 껍질 벗긴 토란을 살짝 삶아 찬물에 헹군 다음 다시마, 쇠고기를 함께 넣어 맑은장국으로 끓인다.
- **화양적, 누름적** : 햇버섯, 도라지, 고기, 파 등을 꿰어 화양적을 만들거나 지짐누름적을 한다.
- **닭찜** : 가을에 한참 살이 올라 맛있는 햇닭으로 닭찜을 한다.

14) 중구重九

음력 9월 9일로 중구重九, 중광重光, 중양重陽이라 하며 삼월 삼짇날에 온 제비가 강남으로 떠나는 날이다. 음식은 국화전, 국화주, 국화화채, 유자화채, 도루묵찜 등이 있으며 그 외 호박고지시루떡, 단자 등이 있다.

- **국화전** : 찹쌀가루에다 국화잎이나 대추와 밤, 국화 꽃잎을 얹어 화전을 부친다.
- **국화주** : 국화 꽃잎을 섞어서 술을 빚는다.
- **유자화채** : 유자 알갱이는 씨를 빼고 몇 개로 나누어 설탕에 재우고 유자 껍질은 흰 부분과 노란 부분으로 나누어 채 썬다. 배는 얇게 저며 채 썰어 설탕에 재운다. 이 재료를 모두 화채 그릇에 담고 석류알과 잣을 가운데 담아 설탕물을 붓는다.

15) 10월 상달

10월 중의 오일午日을 말날馬日이라고 하며 햇곡식으로 술을 빚고 시루떡을 만들어 마구간에 갖다 놓고 말이 잘 크고 무병하기를 빈다. 무시루떡, 팥시루떡, 신선로, 국화전, 연포탕練布湯(두부를 잘게 썰어 기름에 지져 닭고기와 같이 끓인 국)과 그 외 타락죽, 신선로, 전골 등 따뜻한 음식과 강정 등 한과를 먹는다.

16) 동지冬至

동짓날은 아세亞歲라 하여 작은설이라 했으며 팥죽을 쑤어 먹는데 찹쌀가루로 둥글게 빚은 새알심을 나이대로 떠 주었고, 팥죽은 귀신을 쫓는다 하여 장독대와 대문에 뿌리기도 했다. 궁중에서는 내의원에서 쇠족, 쇠머리와 가죽, 대추고, 계피, 후추, 꿀을 식힌 전약煎藥을 만들어 진상하였다.

17) 납향臘享

동지 지나고 3번째의 미일未日을 납일이라 하여 종묘와 사직에 큰 제사를 지냈다. 제물은 사냥해온 멧돼지나 산돼지를 쓰며 이를 납향臘享이라 한다. 이외에도 전약, 제육, 참새고기구이, 산토끼구이 등이 있다.

18) 대회일大晦日

섣달그믐을 말하며 한 해를 정리하고 새로운 마음으로 새해를 맞는다고 하여 제야除夜라고 한다. 잡과병, 주악, 떡국, 만두, 전골, 장김치, 정과, 수정과, 식혜 등 세찬을 준비하고 먹던 음식은 해를 넘기지 않는다는 뜻으로 비빔밥을 만들어 먹었다.

CHAPTER 04

한국의 향토음식

한반도는 남북으로 길게 뻗은 지형으로 동쪽, 남쪽, 서쪽은 바다에 둘러싸여 있고, 북쪽은 압록강, 두만강, 중국과 경계를 이룬다. 서쪽은 태백산맥에서 뻗은 여러 산맥을 경계로 다시 기후와 지세가 서로 다른 여러 지역으로 나뉘게 되어 그 고장의 생산물이 각각 다르다. 우리나라는 좁은 땅이면서 지세와 기후가 매우 달라서 생산물이 다르므로 지역마다 만드는 음식에 특색이 있다. 인간의 식생활은 자연환경의 영향을 받으면서 생활권역별로 조금씩 다른 음식문화가 발달하였다.

1. 향토음식의 개념

향토음식이란 각 지역의 자연환경과 사회 환경이 영향을 끼친 그 지역인의 고유한 토착음식을 말한다. 즉, 그 지역에서 독특하게 개발한 음식으로서 그 지역의 기후, 토질, 지리적인 조건 등 자연환경에 순응하면서 종교, 정치, 경제, 문화 변천의 영향을 받으며 식량의 생산, 조리법, 음식의 맛과 형태 및 규범 등이 삶의 과정에서 형성된 것이다. 그러므로 한 지역에서 독특하게 개발·발전된 향토음식은 그 지역의 계절 특산물을 음식 재료로 최대한 활용하고, 역경 속에서 많은 여과 과정을 거쳐 다듬어진 것이므로 타당성과 합리성이 내재하여 있으며 기호성도 뛰어나 각기 다른 지역의 것과는 비교할 수 없는 나름의 특성이 있다. 또한, 향토음식은 그 지역이 아니면 이룰 수 없는 토착성과 풍속을 지니고 있어서 그 지역 사람이 동질성과 소속감을 느끼게 하며, 심리적인 충족감과 안정감으로 정서를 순화시켜 주기도 한다.

향토음식이란 그 지역 사람들이 즐겨 먹고 있는 음식이라고 할 수 있다. 일반적인 전통음식의 개념보다는 협의의 개념이다. 향토 음식이란 그 지역에서 생산되는 재료를 그 지역의 독특한 조리법으로 조리하여 과거로부터 그 지역 사람들이 먹어 온 음식이라 할 수 있다. 즉, 그 지역에서만 생산되는 특산 재료를 사용하고, 그것에 적합한 조리법에 따라 발전시킨 음식으로 지역주민이 선호하는 음식이고, 그 지역에서 많이 생산되거나 타 지방으로부터 많이 공급받을 수 있는 재료를 사용하여 적합한 조리법에 따라 발전시킨 음식이며, 각지 어디에서나 있는 흔한 재료를 사용하더라도 조상들의 생활 형태, 역사적 배경, 기후, 풍토 등 지역적 특성이 반영된 특유의 조리법이나 다른 지방과 차별적으로 발전한 가공기술을 이용하여 발전시킨 음식 그리고 옛날부터 그 지방 행사와 관련하여 만든 음식으로 오늘날까지 전해져 오는 음식들이다.

2. 향토음식의 특성

1) 향토음식의 공간성

향토음식은 뚜렷한 공간적 특성을 보인다. 그 지역 외에 다른 곳에서는 그와 같은 음식을 맛볼 수가 없다. 그러므로 그 지역에 대해서 더 정이 가고 마음에 오랫동안 남는 동기가 된다. 예를 들어, 개성의 보쌈이 있으면, 전라도의 김치, 흑산도 홍어회가 있는 것처럼 공간적 환경을 이루는 지리적 조건, 기후, 풍토가 다른 지역과는 다르므로 차별화된 음식이 생기게 된다. 그러나 문화의 흐름이란 끊임없이 일어나므로 그 공간적 환경이 외부와 쉽게 접촉할 수 있는 곳일수록 연속적인 문화 접변이 일어나기 마련이다. 그러므로 고유한 향토 음식이 외부의 영향을 받게 되고 또한 다른 곳으로 전파되기도 한다.

2) 향토음식의 고유성

향토음식의 조리법을 중심으로 볼 때 그 지역에서만 전수되는 고유한 비법으로 음식을 만든다면 이는 분명히 지역을 대표할 수 있는 향토음식의 특징을 나타내는 것이다. 전국 어디서나 살 수 있는 배추를 가지고 자기 지역의 조리 비법으로 전라도 김치를 만들거나 미꾸라지를 가지고 남원 추어탕을 만든다면 역시 향토음식의 고유한 속성을 지녔다고 할 수 있다.

3) 향토음식의 의례성

향토음식은 그 지역 사람들의 사고방식과 생활양식에 따른 각종 문화적 행사를 바탕으로 발달하는 특성을 갖는다. 그들의 세시풍속이나 통과의례 또는 풍속 등의 문화적 특질이 담긴 향토음식은 매우 특이한 것으로 여겨진다. 예로부터 전라도에서는 홍어가 경조사 상에 오르지 않으면 잔치에 먹을 것이 없다는 말을 듣는다. 또는 제주도의 빙떡은 잔치나 상사 때 남의 집에 만들어 가지고 가므로 그 수량, 크기, 맵시에 따라 그 마음의 정도를 전하였다. 즉, 그 지역에서만 생산되는 재료를 사용하여 그 재료에 적합한 조리법에 의해 발전시킨 음식으로, 우리나라의 경우 영광 굴비를 예로 들 수 있다. 이는 생산량이 한정된 한 지역의 특산 재료와 특유의 조리법을 사용하기 때문에 다른 지방에서는 그 맛을 흉내 내기 어렵다. 또, 그 지역에서 많이 생산되거나 다른 지방으로부터 많이 공급받을 수 있는 재료를 사용하여 적합한 조리법에 따라 발전시킨 음식으로, 전라도 김치, 전주의 비빔밥, 마산의 아귀찜, 미더덕찜 등을 들 수 있다. 또한, 어디에나 있는 흔한 재료를 사용하더라도 조상들의 생활 형태, 기후, 풍토 등 지역적 특성이 반영된 특유의 조리법이나 다른 지역과 차별적으로 발전한 가공기술을 이용하여 만든 음식으로, 뱃길을 떠나는 사람의 도시락으로 밥이 쉬지 않도록 밥과 반찬을 따로 싸는 충무 김밥이 있다. 마지막으로 옛날부터 그 지역 행사와 관련하여 만든 음식으로 오늘날까지 전해져 오는 음식으로, 우리나라의 경우 해마다 2월 상재일에 왕이 선농단先農壇에 나와 농사가 잘 되라고 제사를 지내고 친히 신하들과 함께 소를 잡아 큰 가마솥에 넣고 끓여 먹은 데서 유래했다는 선농단탕(오늘의 설렁탕)을 들 수 있다.

3. 향토음식의 분류

생활권역별로 발달한 음식문화는 오늘날에 이르러 교통수단의 발달과 가공식품의 유통으로 많이 희석되었다고는 하지만 아직도 지역마다 특색 있는 음식문화가 많이 남아 있다.

1) 서울 음식

서울 지역 자체에서 나는 산물은 없으나 전국 각지에서 여러 가지 재료가 모두 모여서, 이것들을 다양하게 활용하여 사치스러운 음식을 만들었다. 서울은 조선시대부터 오백년 이상 도읍지이었으므로 서울 음식은 조선시대에 화려하게 멋을 내는 풍이 음식에도 많이 나타나 남아 있다. 서울 음식은 짜지도 않고 맵지도 않고 대체로 중간의 간을 지니고 있다. 왕족과 양반 계급이 많이 살던 곳이라 격식이 까다롭고 맵시도 중히 여기며, 의례를 매우 중요시하였다.

음식에 넣는 양념들은 곱게 다져서 쓰고, 음식의 분량은 적으나 가짓수가 많다. 중부 이북 지역의 음식이 푸짐하고 소박한 데 비하여 서울 음식은 모양을 예쁘고 작게 만들어 멋을 많이 낸다. 궁중음식이 양반가에 많이 전해져서 서울 음식은 궁중음식과 비슷한 것도 많이 있으며, 반가 음식은 매우 다양하다.

2) 경기도 음식

경기도 지역은 서해안에는 해산물이 풍부하고, 동쪽의 산간 지방은 산채가 많고, 전반적으로 밭농사와 벼농사도 활발하여 여러 가지 식품이 골고루 생산되는 지역이다. 개성 음식을 제외하고는 대체로 음식이 소박하면서도 다양하다. 간은 세지도 약하지도 않은 서울과 비슷한 정도이고, 양념도 많이 쓰는 편이 아니다.

강원도, 충청도, 황해도 지방과 접해 있어 공통점이 많고, 음식 이름도 같은 경향의 것이 많이 있다. 농촌에서는 범벅·풀떼기·수제비 등을 호박·강냉이·밀가루·팥 등을 섞어서 구수하게 잘 만든다. 주식으로 오곡밥과 찰밥을 즐기고 국수는 맑은장국보다는 제물에 끓인 칼국수나 메밀 칼싹두기와 같이 국물이 걸쭉하고 구수한 음식이 많다. 충청도와 황해도 지방에서도 많이 만드는 냉콩국은 이 지역에서도 잘 하는 음식이다.

3) 충청도 음식

충청도는 농업이 주가 되던 지역이므로 쌀, 보리 등의 곡류와 무, 배추, 고구마 등이 생산되고, 서쪽 해안지방은 해산물이 풍부하다. 충청도는 쌀의 생산이 예전부터 많았다. 그리고 보리도 곱게 대껴서 짓는 보리밥 솜씨가 훌륭하다. 충청도 음식들은 그 곳 사람들의 소박한 인심이 그대로 나타나 꾸밈이 별로 없다. 충북 내륙의 산간지역에서는 산채와 버섯들이 많이 있어 그것으로 만든 음식이 유명하다. 농경이 발달한 곳이라 죽, 국수, 수제비, 범벅 등도 많이 만들고 호박떡도 만든다. 서해안에서 가까운 지역은 굴이나 조갯살 등으로 국물을 내어 날떡국이나 칼국수를 끓이기도 하며, 겨울에는 청국장을 즐겨 먹는다.

충청도 음식은 양념을 많이 쓰지 않고, 자연 그대로의 맛을 살리고 있다. 경상도 음식처럼 매운맛이 없고, 전라도 음식처럼 사치함도 없으나, 담백하고 구수하고 소박하다. 또한, 충청도 사람들의 인심을 반영한 듯 음식의 양이 많은 편이다.

4) 강원도 음식

강원도는 영서 지방과 영동 지방에서 나는 산물과 산악지방과 해안지방에서 나는 산물이 크게 다르다. 산악이나 고원지대에는 논농사보다 밭농사가 더 발달하여 옥수수, 메밀, 감자 등이 많이 생산된다. 산에서 나는 도토리, 상

수리, 칡뿌리, 산채 등은 옛날에는 구황식물에 속했지만, 지금은 널리 일반 음식으로 많이 쓰이고 있다.

동해안 지대에서는 생태, 오징어와 미역 등 해초가 많이 생산되어, 이를 가공한 황태, 건오징어, 건미역, 명란젓, 창난젓을 잘 담근다. 산악지방은 육류를 쓰지 않고 채소음식이 많으나, 해안지방에서는 멸치나 조개 등을 넣어 음식 맛을 돋우는 등, 강원도 음식은 극히 소박하고 먹음직스럽다. 특히 감자, 옥수수, 메밀을 이용한 음식이 다른 지역보다 많이 발달하였다.

5) 전라도 음식

전라도는 북으로 금강을 경계로 충청도와 접해 있고 동쪽으로는 소백산맥을 사이에 두고 경상도와 맞닿아 있다. 또 전라도 내의 노령산맥이 전남·북을 나누어 사실상 남북의 생활문화를 분리하고 있다. 전라남도는 지리적으로 나주평야 등의 풍부한 곡물과 청정해역과 가깝게 접해 있는 입지 조건에 힘입어 다양한 해산물을 쉽게 얻을 수 있으며, 맑은 물과 울창한 산림의 낮은 산악지대로부터 각종 산채 등도 많이 생산되어 다른 지역에 비하여 음식 재료의 종류도 많고 양도 많아 자연스럽게 음식도 다양하게 발달하게 되었다. 따라서 지역에 따라 그 고장의 자연 환경에 맞게 만든 음식의 특성이 다르고 문화와 인심의 특색도 차이가 크다. 특히 전라도의 전주, 광주, 해남 등은 고을마다 부유한 토반들이 대를 이어 살았으므로 좋은 음식을 가정에 대대로 전수하고 어느 지방도 따를 수 없는 풍류와 맛의 고장이라 하겠다.

전라도 지방의 상차림은 음식의 가짓수를 많이 하여 상 위에 가득 차리는 특성이 있고, 남해와 서해안이 접해 있어 특이한 해산물 음식과 젓갈이 많이 있다. 기후가 따뜻하여 음식은 간이 센 편이고 고춧가루를 포함하여 양념을 많이 쓰므로 맵지만 깊은 맛을 자아내는 감칠맛이 있다.

6) 경상도 음식

경상도는 남해와 동해에 좋은 어장을 가지고 있어 해산물이 풍부하고, 경상남·북도를 크게 굽어 흐르는 낙동강 주위의 기름진 농토에서 생산된 농산물도 넉넉하다. 이곳에서는 고기라고 하면 바닷고기를 가리키며 또 민물고기를 많이 먹는다.

음식의 맛은 대체로 얼얼하도록 맵고 간이 센 편이다. 음식은 멋을 내거나 사치스럽지는 않고 소박하게 만든다. 싱싱한 바닷고기에 소금으로 간을 해서 말려 굽는 것을 즐기고, 바닷고기로 국을 끓이기도 한다. 곡물 음식 중에는 국수를 즐기나, 밀가루에 날콩가루를 섞어서 반죽하여 홍두깨나 밀대로 얇게 밀어 칼로 썰어 만드는 칼국수를 최고로 친다. 장국의 국물은 멸치나 조개를 많이 쓰고, 더운 여름에 뜨거운 제물국수를 즐기는데 범벅이나 풀대죽은 별로 즐기지 않는다.

7) 제주도 음식

제주도는 어촌, 농촌, 산촌의 생활 방식이 서로 차이가 있다. 농촌에서는 평야 식물지대로 농업을 중심으로 생활을 하였고, 어촌에서는 해안에서 고기를 잡거나 해녀가 잠수 어업을 하고, 산촌에서는 산을 개간하여 농사를 짓거나 한라산에서 버섯, 산나물 등을 채취하여 생활하였다. 농산물은 쌀이 거의 생산되지 않고 콩, 보리, 조, 메밀, 고구마 등을 많이 생산하고, 특산물은 감귤과 전복으로 예전에는 진상품이었다.

제주도 음식의 주된 재료는 어류와 해초이며, 된장으로 맛을 내는 경우가 많고, 바닷고기로 국을 많이 끓이고 죽을 잘 쑨다. 제주도 사람의 부지런하고 꾸밈없는 소박한 성품은 음식에도 그대로 나타나서 음식을 많이 차리거나 양념을 많이 넣거나 여러 가지 재료를 섞어서 만드는 것이 별로 없다. 간은 대체로 짠 편이며 회를 많이 먹는다. 재료가 가지고 있는 자연의 맛을 그대로 살리는 것이 특색이다. 제주도에서만 잡히는 자리돔과 옥돔이 있고, 전복과 꿩이 많이 잡히며, 한라산에서는 표고버섯과 산채가 많이 난다. 김장은 겨울의 기후가 따뜻하여 하지 않고, 겨울에도 배추가 밭에 남아 있을 정도여서 김장을 하여도 종류가 적고 짧은 기간 동안 먹을 것만 조금씩 담근다.

8) 황해도 음식

황해도 북쪽 지방은 곡창지대로 연백평야와 재령평야에서 쌀 생산이 많고 잡곡의 질도 좋고 생산량도 많다. 특히 조는 남쪽 사람들이 보리밥을 즐기듯이 잡곡밥으로 많이 해 먹는다. 곡식이 많고 좋아서 가축들의 사료로 좋고, 고기의 맛도 유별하고, 밀국수나 만두에는 닭고기가 많이 쓰인다. 해안 지방은 조석간만의 차가 크고 수심이 낮으며 개펄이 발달해 소금의 생산이 많다.

황해도는 인심이 좋고 생활이 윤택하며, 이곳의 음식은 양이 풍부하고 음식에 기교를 부리지 않고 구수하면서도 소박하다. 송편이나 만두도 큼직하게 빚고, 밀국수도 즐겨 한다. 간은 별로 짜지도 싱겁지도 않으며, 충청도 음식과 비슷하다. 김치에는 독특한 맛을 내는 고수와 분디라는 향신 채소를 반드시 사용한다. 김치는 국물을 넉넉히 부어 맑고 맵지 않으며 시원한 맛이 나게 만든다. 동치미를 담아 겨울에 냉면 국수나 찬밥을 말아 밤참을 즐겨 먹는다.

9) 평안도 음식

평안도의 동쪽은 산이 높아 험하나 서쪽은 서해안에 면하여 해산물도 풍부하고, 넓은 평야로 곡식도 풍부하다. 예부터 중국과의 교류가 많은 지역으로 평안도 사람의 성품은 진취적이고 대륙적이다. 따라서 음식의 솜씨도 먹음직스럽게 크게 하고 푸짐하게 많이 만든다. 크기를 작게 하고 기교를 많이 부리는 서울음식과 비교하면 매우 대조적이다.

곡물 음식 중에는 메밀로 만든 냉면과 만두 등 가루로 만든 음식이 많다. 겨울에 추운 지방이어서 기름진 육류음식을 즐겨 먹으며 밭에서 많이 나는 콩과 녹두로 만드는 음식도 많다. 음식의 간은 대체로 심심하고 맵지도 짜지도 않은 편이다. 또한, 모양에 신경을 쓰기보다는 소담스럽게 많이 담는 것을 즐긴다. 평안도 지역에서는 평양의 음식이 가장 널리 알려져 있는데 그 중 평양냉면, 어복쟁반, 순대, 온반, 닭죽 등이 유명하다.

10) 함경도 음식

함경도는 한반도의 가장 북쪽에 위치하며, 우리나라의 최고봉인 백두산이 있고 개마고원이 있는 험악한 산간지대가 대부분이다. 동쪽은 해안선이 길고 영흥만 부근에 평야가 조금 있어 논농사는 적고 밭농사를 많이 한다. 특히 함경도는 밭곡식 중에서도 콩의 품질이 뛰어나고 잡곡의 생산량이 많다. 동해안은 리만 한류와 동해 난류가 만나는 바다로 세계 3대 어장에 속하여 명태, 청어, 대구, 연어, 정어리, 넙치 등 어종이 다양하다. 주식으로 기장밥, 조밥 등 잡곡밥을 잘 짓는데, 쌀, 기장, 조, 수수 등의 품질이 매우 찰지며 구수하고 좋다. 감자, 고구마도 품질이 좋아서 녹말을 가라앉혀서 반죽하여 국수틀에 넣어 눌러 만든 냉면이 발달하였다.

음식의 모양은 큼직하여 대륙적이고 대담하며 장식이나 기교도 부리지 않고 사치스럽지 않다. 북쪽으로 올라갈수록 날씨가 추우므로 간은 싱겁고 담백하다. 그러나 고추와 마늘 등의 양념을 강하게 써서 야성적인 맛을 즐기기도 한다. 함경도 회냉면은 홍어, 가자미 등의 생선을 맵게 무친 회를 냉면에 얹어 비벼 먹는 함흥식 비빔국수이다. 다저기(다대기)라는 것도 이 고장에서 나온 말로 고춧가루에 갖은 양념을 넣어 만든 양념의 고유한 말이다.

각 지역의 대표적인 향토음식

지 역	향 토 음 식 명
서 울	설렁탕, 장국밥, 비빔국수, 국수장국, 메밀만두, 떡국, 편수, 잣죽, 흑임자죽, 생치(꿩)만두, 육개장, 추어탕, 선짓국, 각색 전골, 너비아니, 갑회, 어채, 신선로, 구절판, 도미찜, 장김치, 육포, 어포, 홍합초, 각색편, 느티떡, 약식, 상추떡, 각색 단자, 매작과, 약과, 각색 다식, 각색 엿강정, 각색 전과, 오미자, 화채류, 한방 약재 등을 다린 차 등
경기도	개성편수, 조랭이떡국, 제물칼국수, 팥밥, 오곡밥, 수제비, 냉콩국수, 삼계탕, 갈비탕, 곰탕, 개성닭젓국, 아욱토장국, 민어탕, 감동젓찌개, 종갈비찜, 홍해삼, 개성무침, 용인외지, 개성보쌈김치, 무비늘김치, 순무김치, 개성경단, 우메기떡, 수수도가니, 개떡, 여주산병, 개성약과, 모과청화채, 오미자화채 등
충청도	콩나물밥, 보리밥, 찰밥, 칼국수, 날떡국, 호박범벅, 굴냉국, 넙치아욱국, 청포묵국, 시래깃국, 호박지찌개, 청국장찌개, 장떡, 말린묵, 호박고지적, 웅어회, 오이지, 상어찜, 애호박나물, 참죽나물, 어리굴젓, 쇠머리떡, 꽃산병, 햇보리떡, 약편, 도토리떡, 무릇곰, 모과구이, 무엿, 수삼정과, 찹쌀미수, 복숭아화채, 호박꿀단지 등
강원도	강냉이밥, 감자밥, 메밀막국수, 팥국수, 감자수제비, 강냉이범벅, 어죽, 방풍죽, 감자범벅, 삼시기탕, 쏘가리탕, 오징어순대, 오징어불고기, 동태구이, 올챙이묵, 감자송편, 감자지짐, 메밀총떡, 감자경단, 방울증편, 무소송편, 약과, 송화다식, 옥수수엿, 오미자 화채, 당귀차, 강냉이차, 책면 등
전라도	전주비빔밥, 콩나물국밥, 깨죽, 오누이죽, 대합죽, 피문어죽, 합자죽, 두루치기, 붕어조림, 고막무침, 꼴두기젓, 무생채, 추어탕, 광주애저탕, 용봉탕, 홍어어시욱, 죽순채, 천어탕, 토란탕, 홍어회, 꽃게장, 산낙지회, 장어구이, 죽순찜, 양애적, 나복병, 수리취떡, 호박고지시루떡, 감인절미, 감단자, 차조기떡, 전주경단, 복령떡, 유과, 동아정과, 연근정과, 고구마엿 등
경상도	진주비빔밥, 무밥, 갱식, 애호박죽, 건진국수, 조개국수, 닭칼국수, 재첩국, 추어탕, 대구탕, 깨집국, 미역홍합국, 아귀찜, 미더덕찜, 동태구이, 파전, 해파리회, 해물잡채, 장어조림, 미나리찜, 상어구이, 조개찜, 콩잎장아찌, 우렁찜, 대합구이, 고추부각, 골곰찐지, 모시잎송편, 만경떡, 쑥굴레, 칡떡, 잡과편, 유과, 대추정과, 다시마정과, 우엉정과, 안동식혜, 수정과, 유자화채, 유자차, 잡곡미숫가루 등
제주도	전복죽, 조기죽, 옥돔죽, 닭죽, 매역새죽, 깅이죽, 생선국수, 메밀저배기, 곤떡국, 고사릿국, 톨냉국, 돼지고기육개장, 상어지짐, 옥도미구이, 자리회, 양애무침, 동지김치, 꿩적, 초기적, 상어산적, 두루치기, 물망회, 톳나물, 오메기떡, 빙떡, 차좁쌀떡, 상애떡, 약과, 닭엿, 보리엿, 꿩엿 등
황해도	김치밥, 잡곡밥, 비지밥, 김치말이, 밀낭화, 수수죽, 밀범벅, 호박만두, 되비지탕, 김칫국, 조깃국, 호박김치찌개, 행적, 고기전, 김치순두부, 잡곡전, 청포묵, 김치적, 오쟁이떡, 큰송편, 우메기, 잡곡부치기, 닥알떡, 수리취인절미, 무정과 등
평안도	온반, 김치말이, 냉면, 어복쟁반, 온면, 만두국, 닭죽, 어죽, 강량국수, 굴만두, 내포중탕, 콩비지, 전어된장국, 추청곰, 녹두지짐, 돼지고기편육, 순대, 더풀장, 고사릿국, 가지김치, 두부회, 도라지산적, 송기떡, 꼬장떡, 노티떡, 뽕떡, 골미떡, 엿, 태석 등
함경도	잡곡밥, 닭비빔밥, 찐조밥, 가릿국, 회냉면, 감자국수, 옥수수죽, 감자막가리만두, 얼린콩죽, 동태순대, 콩부침, 비웃구이, 천엽국, 북어전, 가자미식해, 도루묵식해, 원산해물, 잡채, 채칼김치, 순대, 닭섭산적, 다시마냉국, 이면수구이, 인절미, 오그랑떡, 언감자떡, 꼬장떡, 달떡, 약과, 콩엿강정, 들깨엿강정, 산자, 단감주 등

CHAPTER 05

동북아시아의 음식문화

동북아시아에는 한국, 일본, 중국 등이 속해 있다. 농경지, 산, 바다로 이루어진 자연환경으로 인해 대부분 쌀을 주식으로 하고 젓가락을 사용하며 발효식품을 많이 이용한다는 공통점이 있다. 일본은 불교의 영향으로 육식보다는 해산물 위주의 음식이 발달하였고 식기와 공간을 잘 활용하여 음식과의 조화를 즐기는 특성이 있다. 중국은 넓은 영토만큼 다양한 식재료를 강한 화력에 볶는 방법을 사용하여 요리하고, 한 접시에 풍성하게 담아내어 각자 나누어 먹는 특성이 있다.

1. 일본의 음식문화

1) 자연적 환경

일본은 아시아 대륙 동쪽에 있는 섬나라로 약 70%가 산간지역이며, 평야가 적은 편이다. 국토는 남북으로 길게 뻗어 있고, 많은 섬으로 이루어진 환태평양 조산대에 속하는 화산지대이며, 해양성의 온난한 기후로, 북쪽의 홋카이도는 겨울이 길고 눈이 많이 오며 냉대기후, 그 외 대부분 지역은 온대 몬순 기후이다. 4개의 큰 섬과 4,000개 이상의 작은 섬들로 이루어진 섬나라 일본의 해역은 한류와 난류가 교차하여 3,380여 종의 수산 동물이 서식하는 세계 3대 어장으로써 해산물이 풍부하다. 또한 여름엔 고온다습하여 벼농사가 적합하고, 계절별 밭작물 등 음식 재료가 풍부하다.

2) 사회적 환경

선사시대에는 주식과 부식의 구별이 없었고, 조몽 시대에 불을 사용하였으며, 야요이 시대에 벼농사 중심의 농경 생활이 시작되어 도작 사회가 성립되었다. 나라 시대에 육식을 금지하였고, 당나라와 국교를 맺음으로써 사상과 종교 등의 모방을 통해 일본 식문화가 형성되기 시작하였으며, 헤이안 시대에 중국에서 유학한 승려들로부터 차가 보급되어, 승려와 일부 귀족층에서 차를 즐겼다. 에도 시대에 교통, 상공업이 발전하여 동경과 오사카를 중심으로 전통적인 일본의 식문화가 완성되고, 전 계층에서 차를 즐김으로써 차 문화가 발전하였다. 메이지유신 이후에 서구 생활양식의 영향으로 육류 식품, 수입 식품, 양식 조리법 보급 등으로 육류 소비가 많이 증가하였다.

3) 음식문화 특징

주식은 쌀, 부식은 생선과 채소로 음식 재료가 지닌 고유의 맛과 색, 향과 모양 등 자연적인 맛을 즐겨 조미료, 향신료를 진하게 쓰지 않고 최소한의 조리를 한다. 해산물 요리가 발전하여 날생선을 간장과 고추냉이만 찍어 먹는 회 등 생으로 먹는 조리법이 다양하다. 제철 재료를 사용하여 계절과 음식의 색감을 중요하게 생각하고, 크기나 모양, 재질이 다양한 식기에 음식을 담아 장식하여 조화를 고려한다. 콩과 두부, 유부, 된장, 간장, 낫또 등 콩 가공식품의 발달과 소바, 우동, 라멘 등 면류가 발달하였다. 조미료는 된장, 간장, 설탕, 술, 식초, 소금 등을 사용하였고, 기본 국물은 가츠오부시(가랑다어포), 다시마로 감칠맛을 내는 국물, 다시だし를 사용한다.

4) 일본 음식의 종류

(1) 일상식

밥과 반찬으로 구성되며, 쌀이 주식이고, 생선, 채소, 콩 등이 부식으로 이용된다. 1즙 3채가 일반적인 상차림인데, 국물 1종에 반찬 3종을 차린 상차림을 말한다. 국汁은 된장으로 끓인 미소시루味噌汁, 소금으로 간을 하는 맑은국清まし汁, 생선국魚汁, 채소와 두부를 넣은 국 등이 있고, 반찬은 생선이나 고기, 부식으로 낫토와 절임음식漬物인 쯔케모노つけもの 등이 있다. 절임음식은 가지, 무, 무청 등의 채소를 소금·식초·된장·술지게미 등에 절인 저장식품이며, 대부분은 소금 절임이고, 소금 외에 쌀겨를 첨가하여 발효시킨 쌀겨절임糠漬け은 독특한 향과 맛을 갖는다.

(2) 연회식

① 쇼진요리精進料理(사찰 요리)

불교사상을 기본으로 한 요리로 무로마치 시대에 형성되었다. 살생과 육식을

금지한 불교의 영향으로 동물성 재료를 피하고 주로 곡물, 채소, 두류, 버섯, 해초 등 식물성 재료를 사용한다. 사찰에서 가장 많이 사용하는 음식 재료 중 하나는 두부이며, 채소 요리의 색, 맛, 질감을 살린 요리법과 충분히 간을 한 국물로 조리고, 뜨거운 온기를 살려 제공하는 조림煮物이 특히 발달하였다. 상차림으로 첫째 상一の膳은 흰밥과 된장국本汁, 코노모노香物나 무침和え物, 둘째 상二の膳은 조림, 튀김揚(げ)物 등, 셋째 상三の膳은 구이焼(き)物나 조림과 더불어 생선회 등의 어패류로 구성된다.

② 차가이세키요리懐石料理(다도 요리)

차를 내기 전에 간단하게 제공되는 요리로 다회茶會에서 진한 차를 마시기 전에 적당히 배를 채우기 위한 요리이다. 무로마치 중기 1,400년대부터 시작되었으며, 제철 재료를 사용하고 음식 재료가 가지고 있는 본연의 맛을 강조한 연한 맛으로 구성하는 음식으로, 온도를 중시하여 따뜻한 음식은 따뜻할 때 먹을 수 있도록 요리를 제공한다.

③ 가이세키요리会席料理(술 요리)

가이세키요리는 술을 맛있게 마실 수 있도록 고안된 화려한 잔치 음식으로 술을 마시기 위한 안주로 진한 맛의 요리를 몇 가지 넣어 다양하게 구성한다. 상차림은 전채, 맑은 국吸物, 회, 조림, 구이, 토메완止め椀, 토메자카나, 밥, 국, 쯔케모노의 순으로 밥과 국이 마지막에 제공된다.

④ 혼젠요리(정식요리)

혼젠요리는 무로마치室町 막부 시대 이후 관혼상제冠婚喪祭와 같은 특별한 날의 의식용 정식요리로 발전하였다. 가이세키会席요리의 기본이 되는 상차림이며, 손님상, 혼젠, 니노젠, 산노젠 등 기준을 갖춘 정식요리이다. 젠膳은 상을 뜻하는 말로, 국과 반찬의 수에 따라 구분하여 각 상은 1즙 3채一汁三菜, 2즙 5채二汁五菜,

3즙 7채三汁七菜 등을 기본으로, 채에 해당하는 반찬이 홀수로 증가한다. 상차림과 먹는 방법이 복잡하여 현대에 와서는 간소화되었다.

(3) 명절 음식

오세치 요리お節 料理는 매우 귀하고 좋은 음식이라는 뜻이며, 오늘날에는 정월의 명절 음식을 말한다. 국물이 없고 비교적 오래 둘 수 있는 음식을 5법, 5미, 5색을 균형 있게 맞춰 3단의 찬합에 아름답게 장식한다. 장수를 의미하는 새우海老, 자손 번영을 기원하는 말린 청어알 요리인 카즈노코数の子, 재운을 상징하는 화과자인 쿠리킨톤栗きんとん, 성실함을 의미하는 콩조림 요리인 쿠로마메黒豆, 홍백색으로 경사스러운 날임을 뜻하는 어묵 요리인 가마보코紅白かまぼこ와 무와 당근 요리인 나마수紅白なます, 가정의 안녕을 염원하는 다시마말이 요리인 콘부마키昆布巻き, 토란里芋, 멸치볶음인 타즈쿠리田作り 등으로 구성되어 있다.

5) 일본 음식의 기본 다시

(1) 일번 다시一番出し(이찌반 다시)

재료의 맛을 짧은 시간에 우려내는 방법으로 최고의 맛과 향을 가진 기본 다시이다. 가다랑어에 함유된 이노신산과 다시마에 들어 있는 글루탐산이 섞여 좋은 맛과 향의 상승효과가 있다. 대개 일번 다시는 회석 요리의 맑은 국물을 만들 때 많이 사용하고 있으나 조림 요리, 찜 요리에 사용하기도 한다.

(2) 이번 다시二番出し(니반 다시)

일번 다시를 뽑은 재료를 한 번 더 이용하는 방법으로 긴 시간에 걸쳐 천천히 끓이는 방법으로, 끓게 되면 새로운 가다랑어 가루를 추가하여 향을 내는 국물이다.

(3) 멸치 다시煮干し出し(니보시 다시)

니보시는 재료를 찐 다음 말린 것을 말하며, 작은 정어리, 말린 가리비, 새우 등 여러 가지가 있으나 일반적으로 많이 사용하는 것은 작은 정어리이다. 양질의 멸치를 구별하는 방법은 5~6 cm 정도의 크기로, 광택이 있어야 하며 잘 건조되어 부서지지 않고 형태가 잘 보존된 것이 좋다. 다시 물을 만드는 방법은 물에 담가 만드는 방법과 끓여서 만드는 방법이 있다. 물에 담가 만드는 방법은 시간이 많이 소요되나, 다시 국물이 탁하지 않고 산뜻해서 좋다. 끓여서 만드는 방법은 약간의 냄새는 있으나, 짧은 시간에 진한 맛을 낼 수 있어 된장국이나 조림 요리에 많이 사용한다.

(4) 다시마 다시昆布出し(곤부 다시)

다시마를 물에 담가 천천히 맛을 우려내는 다시 국물이다. 냄비용의 다시 국물로서 조개류 요리에 많이 사용한다. 정진 요리의 기본 다시 국물로 다른 다시와 함께 사용한다.

6) 대표적인 음식

(1) 스시(초밥)

스시는 밥을 다시마 다시와 소금, 식초, 맛술 등으로 조미하고, 위에 신선한 생선류, 조개류, 달걀, 채소류 등을 올려 만든 음식이다. 위에 올리는 재료에 따라 종류가 매우 다양하다. 스시의 원조로서 일본의 대표적인 생선 저장 발효 음식으로 일본 시가현의 붕어초밥이나 기후현의 은어초밥 같은 나레즈시熟れ鮨가 있다. 나레즈시는 무로마치室町 시대에 발효 시간을 단축해 밥과 함께 먹는 형태로 시작했다. 쌀의 보급과 함께 양조식초가 만들어지며 식초를 넣은 초밥에 생선을 넣어 속성발효를 하는 하야즈시はやずし가 탄생하여, 교토나 오사카를 중심으로 관서지방에서 발전하여, 17세기에는 생선과 채소를 잘게 썰어 함께

비벼 먹는 형태였다. 18세기 후반에 네모지게 자른 초밥을 넓은 잎에 만 사사마키笹巻가 등장하였고, 18세기 말에는 에도江戸 지방에도 스시가 나타났다.

(2) 사시미(회)

스시와 더불어 대표적인 일본 전통음식이며, 참치, 다랑어, 연어, 문어, 새우 등의 신선한 생선을 썰어 고추냉이를 넣은 간장에 찍어 먹는 음식이다. 우리나라에서는 활어를 사용하여 쫀득한 맛을 즐기지만, 일본에서는 생선을 숙성시켜 부드러운 식감과 생선의 맛 그대로의 담백함과 감칠맛을 즐긴다. 우리나라에서는 사시미를, 일본은 스시를 더 즐겨 음식문화의 차이가 있다. 사시미를 먹을 때는 담백한 맛의 흰살생선부터 먹고 이후에 기름이 많은 부위를 먹어야 더 맛있게 즐길 수 있다.

(3) 우동과 소바

우동은 밀가루로 만든 굵은 면이고, 소바는 메밀가루로 만든 면으로, 뜨거운 국물 또는 차가운 간장 국물에 간 무, 다진 파, 고추냉이를 넣어 먹는 요리이다. 우동은 연한 국물을, 소바는 진한 국물을 주로 사용한다. 일본의 서쪽 지역은 오사카, 교토, 나라를 중심으로 하는 온난한 기후로 밀의 재배가 적합하여 우동 섭취가 더 많고 동쪽 지역은 도쿄를 중심으로 하는 한랭한 기후로 메밀의 재배가 적합하여 소바 섭취가 더 많다. 먹는 방식에서도 차이가 나는데, 우동은 말아먹는 가케 방식이며 소바는 적셔 먹는 모리 방식이다.

(4) 라멘

라멘은 서민 음식 중 하나로 돼지뼈 육수에 튀기지 않은 생면을 사용하고 돼지고기, 삶은 달걀 등 위에 올라가는 고명에 따라 종류가 다양하다. 된장 맛의 미소 라멘, 간장 맛의 소유 라멘, 소금 맛의 시오 라멘 등이 있다.

(5) 덴푸라

일본 튀김 요리의 총칭으로 '아게모노'라고도 부른다. 새우, 오징어, 생선, 고구마 등의 다양한 재료에 밀가루, 달걀을 입혀 튀겨낸 음식이다. 포르투갈에서 채소 튀긴 것을 '쿼터 템포라'라고 부르는 것에서 유래되었으며 튀김옷이 가볍고 바삭한 것이 특징이다. 덴푸라의 발달 이후 19세기부터 돼지고기를 이용한 돈가스와 고로케 등 다양한 튀김 요리가 발달하는 계기가 되었다.

(6) 돈부리

돈부리는 밥 위에 좋아하는 재료를 얹어 먹는 일품요리로 우리나라의 덮밥과 비슷하지만 섞어서 먹지 않는 점이 다르다. 위에 올리는 재료에 따라 가츠동(돈가스), 텐동(덴푸라), 규동(쇠고기, 양파), 오야코동(닭고기, 달걀), 우나동(장어), 에비동(새우) 등 종류가 다양하며, 규동이 가장 대표적인 돈부리이다.

(7) 오코노미야끼

돼지고기, 양배추 등 재료를 밀가루 반죽에 넣고 철판에 구워 먹는 요리로 우리나라의 빈대떡과 비슷하다. 관서지방은 돼지고기와 양배추를 주로 활용하고, 관동지방은 야키소바를 넣어 만들며, 문어를 넣은 것은 타코야끼라고 한다.

(8) 샤브샤브

나베모노(냄비 요리)라고 하며, 얇게 썬 고기, 두부, 배추, 쑥갓, 파, 다시마, 곤약, 버섯 등을 끓는 물에 살짝 데쳐서 소스에 찍어 먹는 음식이다.

1 2
3

1. 돈부리(규동)
2. 오코노미야끼
3. 샤브샤브(나베모노)

(9) 야키모노(구이요리)

구워 먹는 음식으로 데리야키와 시오야키는 소스를 발라 직접 꼬치나 석쇠에 끼워 굽고, 데판야키는 철판에 굽는 요리이다.

(10) 스키야키

얇은 철 냄비에 고기를 굽거나, 삶아낸 쇠고기 전골 요리이다.

(11) 낫토

콩을 낫토균을 이용해 발효한 것으로 독특한 향과 점성이 있고, 실과 같이 늘어나는 특징이 있는 일본 전통 식품이다.

(12) 우메보시

매실을 소금에 절인 후 햇볕에 말려 만든 매실장아찌로, 새콤하고 짭짤한 맛의 반찬류이다.

(13) 오니기리

밥에 소금으로 간을 하거나, 깨, 다진 쇠고기 등 다양한 재료를 섞어 삼각형으로 뭉친 후 김으로 감싼 것으로 한국의 주먹밥, 삼각 김밥과 비슷하다.

(14) 녹차

센차, 교쿠로, 마차, 반차, 호우지차, 메차 등의 차를 식사 후에 마신다.

2. 중국의 음식문화

1) 자연적 환경

중국은 황허와 양쯔강을 경계로 남북으로 나뉘며, 남부는 온화한 기후와 강우량이 많아 벼농사가 발달하였고, 북부는 낮은 기온과 건조한 기후로 밀농사가 적합하다. 넓은 국토에서 생산되는 풍성한 음식 재료로 특색 있고 풍성한 식문화가 형성되었다.

2) 사회적 환경

약 170만 년 이전부터 중국 운남 지역에서 불을 사용하고, 도자기 발명 이후에 끓임, 절임, 볶음, 찜 등의 다양한 조리법을 이용하였다. 하나라夏朝 이후에는 청동기시대로 칼을 사용하여 마음대로 식품 재료를 썰게 되었으며, 튀김, 지짐 등의 조리법이 활용되어 음식의 형태가 다채로워졌다. 진나라秦朝가 중국을 통일한 이후 철제 취사도구가 보급되고, 식물성 기름을 조리에 이용하여 음식의 맛과 조리기술이 더욱 다양하고 풍부해졌다. 수·당隋·唐나라 때에는 석탄을 취사 연료로 사용하여 더 위생적이며, 화력이 세고, 연소시간이 길어 장시간 가열하여 음식을 조리하는 방법과 강한 화력으로 음식을 조리하는 방법이 이용되기 시작하였다. 이후에는 수륙교통의 발달로 건조식품과 소금에 절인 식품들의 보관과 운반이 편리해져 여러 종류의 해산물을 건조하여 이용하였다. 청나라清朝 때에는 재료뿐만 아니라 조리법이 매우 다양해졌고, 조리 이론이 정립되어, 음식의 종류가 더욱 풍부해졌다. 청나라 중엽부터 중국 음식의 최고라고 할 수 있는 만한전석滿漢全席의 다양함과 정묘함에 서양 음식의 합리성과 과학성이 더해져 중국 특유의 조리 이론과 조리 기술이 눈부시게 발전되었다.

3) 음식문화 특징

중국의 조리는 오래된 전통문화에 음양오행의 기본철학을 담아 약식동원의 음식 요법에 기초하여 발전하였다. 5가지 맛을 고루 조화시키고자 음식의 배합을 중요시하였으며, 중용의 철학적 의미를 식생활에 반영하려 하였고 음식을 통해 건강을 지키고 장수를 누리고자 하였다. 광범위한 영토로 생산되는 음식의 재료가 매우 많고 다양하지만, 조리기구는 간단하게 중국식 팬(웍)을 많이 사용한다. 조리법으로는 모든 재료를 익혀서 사용하고, 기름을 활용한 요리가 많다. 중국의 정식 상차림은 시간전개형인데, 전분의 이용이 많다는 것도 특징이다. 음식의 균형과 조화를 강조하고, 조미료와 향신료를 이용한 풍부한 맛이 특징이며, 다양한 조리 기술로 음식 자체를 예술적으로 표현하여 풍성하고 화려한 상차림을 한다.

4) 중국 음식의 조미료와 향신료

음식의 맛은 재료가 가진 풍미와 질감 외에 조미료를 통하여 맛을 낸다. 또한 조미료의 색은 음식의 색을 내는 데도 중요한 작용을 한다. 중국 음식에 들어가는 조미료는 매우 다양하나 대체로 짠맛 조미료, 단맛 조미료, 신맛 조미료, 매운맛 조미료, 향미 조미료, 지방성 조미료, 복합 조미료, 특수 조미료로 분류할 수 있다.

(1) 짠맛 조미료

① 간장醬油(장요우)

간장의 성분은 소금보다 복잡하여 염분 외에 여러 종류의 아미노산, 당류, 유기산, 색소 및 향을 가지고 있어 짠맛 외에 독특한 맛과 향이 있다. 간장은 음식의 맛을 증가시키고 변화시키며, 음식의 색도 바꿀 수 있다. 간장은 홍간장紅醬油과 백간장白醬油이 있으며, 색이 연하면서 짠맛이 강한 생추生抽(썽쵸우), 색이 진하고 짠맛이 덜한 노추老抽(라오쵸우)가 있다.

② **첨면장**甛面醬(티엔미엔장)

첨면장은 밀가루와 소금을 반죽하여 찐 후 발효하여 만든 것으로 약간 붉은 색에 맛이 짜고, 지미가 있으며, 약간 달고 기름기가 많아 부드럽다.

③ **두시**豆豉(또우츠)

두시는 발효한 대두식품으로 콩의 형태가 그대로 살아 있다. 검은색으로 향기롭고 특수한 향과 짠맛을 갖고 있다.

④ **굴기름**蠔油(하오요우)

중국 요리에 많이 이용하는 소스로 생굴을 소금물에 담가 발효시켰다가 삭혀서 위층에 뜬 맑은 물에 소금, 설탕, 전분, 조미료 등을 첨가해 걸쭉한 액체 상태로 농축시켜서 만든 것이다. 독특한 향과 짠맛과 약간의 단맛이 나기 때문에 조금만 넣어도 요리의 풍미를 높이고 감칠맛을 낼 수 있다. 조림, 구이, 냉채 등의 음식에 사용된다.

(2) 단맛 조미료

① **면백탕**綿白糖(미엔빠이탕)

사탕수수, 사탕무를 원료로 생산한다. 순수한 단맛이 나고, 물에 넣으면 즉시 용해되므로 조리 중 냉채나 첨함甛餡 즉, 팥앙금과 같은 단맛이 나는 속 재료를 만들 때 사용한다.

② **홍설탕**赤砂糖(츠샤탕)

사탕수수를 원료로 만들며 적갈색, 황갈색, 청갈색, 적홍색을 띠고 있다. 짙은 단맛에 약간 그을린 쓴맛이 있으며 수분과 환원당이 비교적 많다.

③ **빙설탕冰糖(삥탕)**

설탕의 결정을 재배열하여 생산한 제품이다. 백색, 미황색, 미홍색, 심홍색을 띄고 있다. 결정은 얼음덩어리와 같이 투명하여 빙설탕이라고 한다.

(3) 신맛 조미료

① **식초食醋(스추)**

식초는 3~5% 정도의 초산 외에 유기산, 아미노산, 당, 알코올, 에테르류 등이 함유되어 있다. 식초는 전분류를 함유한 수수, 조, 찹쌀, 멥쌀을 주원료로, 밀기울, 쌀겨 등을 보조 원료로 사용하여, 발효 과정을 거쳐 제조한 것으로 신맛이 나고 방향미가 있다. 식초는 미초米醋, 훈초熏醋, 백초白醋 3종류가 있다.

(4) 매운맛 조미료

강렬한 자극성에 얼큰한 맛을 가지고 있다. 장과 위 운동을 촉진하기 때문에 소화를 돕고 식욕을 촉진한다. 매운맛 조미료는 주로 고추기름辣椒油(라지아오요우), 두반장豆瓣醬(또우빤지앙), 겨잣가루价末紛(지에모펀), 고추장辣椒醬(라지아오장) 등이다.

(5) 향미 조미료

향신료와 발효 조미료의 2종류가 있다. 향신료는 회향, 계피, 정향 등이고, 발효 조미료는 향조주香槽酒 등이 있다. 향신료는 방향성 알코올, 알데하이드, 에스터 등의 성분을 함유하고 있으므로 향기가 있어 식욕을 증진시킨다. 적당하게 매우면서 향기로운 향은 심신을 가볍게 하여 신경의 긴장을 이완시키고 피로를 빨리 회복시키는 작용이 있다.

① **대료大料(따리아오)**

대료는 중국의 특산물로서 광동廣東, 광서廣西 등지에서 많이 생산된다. 연보

라색에 팔각형의 별 모양의 형태를 보여 팔각八角(빠지아오)으로 부르기도 하고, 소회향小茴香과 구별하기 위해 대회향大茴香으로 부르기도 한다. 대료는 단맛과 강렬한 방향성이 있다. 향은 대료 중에 함유된 휘발성 회향 알데하이드기에서 유래하고, 맵고, 따뜻한 성질이 있으며, 산한건위散寒健胃 작용을 한다.

② 소회향小茴香(샤오훼이샹)

소회향은 초본식물인 회향의 씨로서 노란색의 볍씨 모양을 하고 있으며, 초가을에 수확한다. 산지는 비교적 넓어 사천四川, 협서陜西, 영하寧夏에서 생산한 것이 좋다. 짙은 향기가 나며 일반적으로 대회향大茴香과 함께 사용한다. 나쁜 냄새를 없애고 다른 향신료의 향을 증가시키는 작용을 한다. 소회향은 비장을 튼튼하게 하는 건비작용健脾作用과 식욕을 당기게 하는 개위작용開胃作用, 기를 조화시키고, 바람을 몰아내고, 한기를 분산시키는 작용이 있다.

③ 화초花椒(화지아오)

화초花椒는 화초 나무의 열매로서 초피, 천초 등으로 불리며 대체로 입추 전후에 수확한다. 초피는 기름을 짤 수 있으며 추출률은 25% 이상이다. 초피는 사천四川, 협서陜西, 하남河南, 하북河北, 산서山西 등지에서 생산되며 사천에서 생산된 것이 가장 품질이 우수하며, 하북河北, 산서山西는 생산량이 가장 많다. 초피는 씨가 작고 껍질이 얇으며 자줏빛이 나는 것이 좋다. 생 초피의 맛은 혀를 얼얼하게 마비시키는 맛麻味이 있고, 볶으면 향이 발산된다. 조리할 때 얼얼한 맛만 취하는 수도 있지만, 볶은 뒤 소금과 혼합하여 초피염椒鹽을 만들어 소스 재료나 여러 가지 재료와 배합하여 조리할 때 사용한다.

④ 계피桂皮

계피는 옥계수玉桂樹 나무의 껍질을 벗겨서 건조한 것이다. 광서廣西, 운남雲南에서 많이 생산되며 통계피桶桂皮, 후계피厚桂皮, 박계피薄桂皮 3종류가 있다. 통계피는 수령이 어린 계수나무의 껍질로서 조직이 섬세하고 청결하며 맛이 깔끔하면서

황토색이 가장 품질이 좋다. 후계피는 수령이 오래된 나무에서 채취한 것이며, 맛이 진하고 붉은색이 나는 자줏빛이며 돈채炖菜를 만들 때 주로 사용한다. 박계피는 수령이 아주 어린 계수나무에서 채취한 것이며, 외피가 얇고, 맛과 향이 적으며, 외피는 회색이고 안쪽은 붉은 기가 도는 노란색으로 질이 좀 떨어진다.

⑤ 정향丁香

정향은 유게놀Eugenol이 약 84~95%로 대부분을 차지하고 있으나, 맛은 맵고, 성질은 따뜻하다. 장의 오래된 적식積食을 없애고, 위를 따뜻하게 하여 구역질과 트림을 없애며, 입 냄새를 제거하는 작용을 한다. 주요 산지는 남양군도南洋群島, 월남越南, 아프리카 등이고, 중국의 해남도에서도 생산된다.

⑥ 참깨장芝麻醬

참깨장은 참깨를 볶아 참기름을 추출한 후의 부산물이다. 점성이 있으며, 검은색이 도는 갈색으로 참깨의 향을 가지고 있다. 조리할 때 다른 조미료와 서로 잘 섞어서 냉채冷菜나 열채熱菜의 무침용 조미료로 사용한다.

⑦ 땅콩장花生醬

땅콩장은 땅콩을 볶은 후 갈아서 만든 것으로, 용도는 참깨장과 같다.

⑧ 술酒

조리에 사용되는 술은 주로 황주, 백주이다.

⑨ 향조香糟

향조는 황주黃酒를 만들고 남은 술지게미를 이용한다. 향조 중에는 10% 정도의 알코올과 20~25%의 가용성 무기질소가 함유되어 있어 조리 중에 음식의 맛과 향을 증가시킨다.

(6) 지방성 조미료肥味 調味料

지방성 조미료는 기름을 열전도체로 사용하여 재료를 조리할 목적 외에도 조미료로서, 재료를 부드럽게 하고 보기에도 먹음직스럽게 만드는 역할을 한다. 지방성 조미료에는 참기름芝麻油, 파기름葱油, 유채기름菜油 등이 있다.

(7) 복합 조미료

복합 조미료는 여러 가지 기본 맛 조미료를 복합 가공하여 여러 가지 복합적인 맛을 가진 조미품을 가리킨다.

① 오향분五香粉(우샹펀)

오향분은 중국의 남쪽이나 북쪽 지방 등 모든 지역에서 사용하나 배합은 서로 다르다. 일반적으로 대료大料, 소회향小茴香, 정향丁香, 초피花椒, 계피桂皮 등의 향신료를 배합하여 만든다. 오향분은 짙은 노란색이며, 향이 강하여 조리 시 어떤 단일 향료보다 사용하기가 편리하고 주로 노채鹵菜, 냉채冷菜 등에 많이 사용한다.

② 향랄분香辣粉(샹라펀)

향기가 있고 매운맛이 나는 방향성 향신료를 배합하여 만든 것으로 초피花椒, 대료大料, 고추辣椒, 후추胡椒, 생강生薑, 겨자가루芥末 등을 사용한다.

③ 급즙急汁(지즈)

급즙急汁은 백초白醋, 설탕白糖, 계피桂皮, 화초花椒, 팔각八角,大茴香, 소회향小茴香, 옥과玉果, 감초甘草, 생강生薑, 마늘蒜頭, 양파洋蔥, 정향丁香, 고추辣椒 등을 재료로 사용한다. 갈색 액체로서 일정한 점도가 있고 독특한 향이 있으며, 맛이 달고, 시고, 매운맛이 조화되어 풍미가 독특하다. 당초로糖醋鹵를 조리할 때 항상 사용하는 조미료이며, 튀김 음식의 위에 끼얹거나 소스로 곁들이기도 한다.

(8) 특수 조미료

① 선탕鮮湯(시엔탕)

선탕의 재료는 지역마다 차이가 있으나 대부분 동물성 재료를 주로 사용한다. 중국의 전역에서 일반적으로 사용하는 탕의 재료는 발굽蹄膀, 살코기, 돼지발, 돼지 뼈, 닭 날개, 닭발, 닭 뼈 등이다. 소채素菜는 동물성 재료를 사용하지 않기 때문에 죽순, 콩나물, 버섯 등 식물성 재료로 만든 탕을 이용한다. 죽순筍, 편순鞭笋, 동순冬笋, 표고버섯香菇, 콩나물黃豆芽 등은 탕湯을 만드는 이상적인 재료이며, 이러한 재료들은 모두 지미를 갖고 있다. 선탕은 백탕白湯과 청탕清湯의 2종류가 있으며, 청탕을 다시 조리한 것을 고탕高湯이라고 한다.

5) 대표적인 음식

중국은 넓은 영토와 그에 따른 다양한 기후와 토질로 지역마다 구별되는 음식문화를 나타내며, 북경, 광동, 사천, 상해 요리를 4대 요리라고 한다.

(1) 북경요리魯菜(루차이)

산둥성의 제남, 교동 지방을 중심으로 한 북방의 대표 요리이다. 북경은 오랜 기간 중국의 수도여서 궁중 요리와 같은 고급 요리가 발달하였다. 중국의 음식문화가 가장 먼저 발달한 곳으로 서해가 인접하고 있어 해산물이 풍부해서 노채魯菜는 주재료로 해산물을 많이 사용하고, 마늘과 파를 많이 사용하여 맛을 냈다.

지리적으로 한랭한 북방이기 때문에 칼로리가 높은 튀김 요리와 볶음 요리가 발달하였다. 대표적인 음식으로는 베이징 덕, 베이징 카오야, 돼지고기를 얇게 채 썰어 볶고 춘장에 더 볶은 다음 채 썬 대파와 함께 꽃빵, 포두부나 춘빙 등과 곁들어 먹는 음식인 징장러우쓰, 자장멘 등이 있다. 자장멘은 베이징 인근의 대표적인 가정 요리로 우리나라 짜장면과 일본 모리오카 자자멘의 원형이 되었다.

1. 베이징 덕
2. 베이징 카오야
3. 징장러우쓰
4. 자장면

(2) 광동요리粵菜(위에차이)

광동성의 광주, 조주, 동강을 중심으로 한 남부해안의 요리이다. 식재광주食在廣州라고 광주廣州지방의 음식이 광동廣東 요리를 대표한다. 중국 요리 중 가장 다양한 식재료를 활용하고 있어 네 발 달린 것이면 무엇이든 요리로 만들어진다는 말이 있었다. 그러나 사스 코로나 바이러스SARS coronavirus, SARS-CoV가 발생하면서 동물에 의한 감염이 우려되어 일부 규제되고 있다. 월채粵菜에서 가장 뛰어난 조리방법은 작炸, 국焗, 유침油浸, 돈炖, 회燴, 민燜, 고烤 등이며, 음식의 맛은 담백하면서淡, 신선하고鮮, 부드러우면서嫩 시원한 맛清을 강조하고 기름기가 적다不膩. 무역의 집산지로 많은 음식이 외국 문화의 영향을 받아 서양 요리의 일부 특색을 지니고 있다.

다양한 채소류의 특색을 살리면서 쌀을 볶아서 만든 것이 기본이고, 푹 삶은 냄비 요리와 해산물 요리, 쌀로 만든 면 요리 등이 일반적이다. 대표적인 음식으로는 챠샤오叉烧, 어린 통돼지 구이인 피엔피루주, 광동식 탕수육인 구로육咕噜肉, 볶음밥인 챠오판炒飯, 딤섬點心, 제비집 요리, 상어 지느러미 찜인 샥스핀魚翅 등이 있다.

1 2
3 4
5 6

1. 피엔피루주
2. 구로육
3. 챠오판
4. 딤섬
5. 제비집
6. 샥스핀

(3) 사천요리川菜(촨차이)

사천성 청두를 중심으로 중국 서부지역을 대표하는 음식이다. 성도成都와 중경重慶 지역이 대표적이며, 농산물이 풍부하다. 더위와 추위가 심하고 습한 기후여서 매운 요리가 발달하였고, 음식의 부패를 막기 위해 향신료를 많이 사용하였다. 조미료는 후추, 초피, 고추, 두반장, 향초를 많이 사용하며, 가장 뛰어난 조리법은 적게 끓이고, 적게 볶는 소전소초小煎小炒, 수분과 기름양이 적은 간소간편干燒干煸이다. 맛의 특징은 다양하고 진하면서, 얼얼하고麻, 맵고辣, 시고酸, 향香이 독특하여 마라산향麻辣酸香이다. 그중에서도 매운맛은 독보적이어서 타의 추종을 불허하며, 대표적인 음식으로는 마라샹궈麻辣香锅, 마파두부麻婆豆腐, 훠궈火锅, 어향육사鱼香肉丝 등이 있다.

1 2
3

1. 마라샹궈
2. 마파두부
3. 훠궈

마라샹궈는 매운 양념에 다양한 재료들을 볶는 요리이며, 마파두부는 두부를 활용하여 파, 마늘, 고춧가루 등의 향신료로 매콤한 맛을 낸다. '곰보 할머니의 요리'라는 뜻이 있다. 훠궈는 육수에 여러 가지 재료를 담아 끓여 먹는 국물 요리로, 얇게 썬 고기와 갖은 채소를 넣어 만든다. 육수는 매운맛과 담백한 맛으로 나누어진다. 중국의 훠궈는 일본에 전파되어 샤브샤브가 되었다.

(4) 상해요리蘇菜(수차이)

강소성의 소주, 양주, 남경, 진강 등을 중심으로 한 남동부 요리이다. 동쪽으로 바다와 인접해 있어 해산물이 풍부하고, 내륙에는 호수가 많아 주로 민물새우, 민물게, 민물장어의 요리가 많은 것이 특징이다.

1 2
3 4

1. 상해게요리
2. 동파육
3. 화쥐안
4. 샤오롱바오

음식의 맛은 단아하고, 재료가 가지고 있는 본래의 형태와 맛을 강조한다. 조화로운 단맛과 짠맛이 특징이며, 대표적인 음식으로는 게 요리, 삶은 돼지고기인 동파육东坡肉, 바닷게로 만든 푸룽칭세芙蓉青蟹, 꽃 모양의 빵인 화쥐안花卷, 만두 일종인 샤오룽바오小籠包 등이 있다.

(5) 차

중국은 차의 발생지이고, 음다飲茶 풍습 역시 중국에서 전해지며, 제다법에 따라 녹차, 황차, 백차, 홍차, 청차, 흑차로 분류하며 다양한 음식들과 함께 차를 즐긴다.

CHAPTER 06

동남아시아의 음식문화

1. 태국의 음식문화
2. 베트남의 음식문화
3. 인도네시아의 음식문화

동남아시아에는 태국, 라오스, 캄보디아, 미얀마, 베트남, 필리핀, 인도네시아, 말레이시아, 싱가포르 등이 속해 있다. 중국과 인도 사이에 위치하여 면, 만두, 볶음요리 등의 중국음식과 커리와 같은 인도음식이 전파되는 등 음식문화에 영향을 받았다. 농경지, 산, 바다로 이루어져 있어 쌀을 주식으로 하고 해산물, 생선 발효음식, 채소류 등을 재료로 많이 이용한다. 특히 열대기후 지역에 속해 열대과일과 향신료나 향미채소를 음식에 많이 이용하는 경향이 있으나 종교적인 이유로 육류의 섭취는 지역마다 다르다. 16세기 이후에는 서구의 식민 지배를 받아 서양 음식의 영향도 받아 동남아시아의 음식문화는 여러 문화가 가미된 양상이다.

1. 태국의 음식문화

1) 자연적 환경

태국은 열대 몬순기후로 크게 하기, 우기 및 건기의 3계절로 구분되며 연 평균 기온은 28℃로 1년 내내 벼농사와 과일, 채소 농작이 가능한 기후이다. 태국의 중앙부는 세계적인 곡창지대를 형성하여 쌀이 풍부하고, 삼면이 바다여서 해산물이 풍부하다. 인도와 중국 사이의 지리적 위치로 각 나라로부터 많은 영향을 받았다.

2) 사회적 환경

동남아시아에서 유일하게 외세의 침략을 받지 않고 독립된 국가의 음식문화를 가지고 있고, 인도와 중국과의 활발한 문화 교류로 인해 이들의 영향을 받았다. 국민의 95%가 불교로, 승려가 탁발을 통해 음식을 얻는 공양 음식이 발달되어 있다.

3) 음식문화 특징

쌀을 주식으로 밥과 반찬을 곁들이는 식사를 구성하고 있으며, 지역에 따라 다양성이 있다.

중부 지역은 비옥한 토양의 곡창지대이며 바다와 인접해 해산물이 풍부하여 음식이 화려하고 고급스럽고, 채소나 과일을 조각하는 것도 이곳에서 시작되었다. 방콕이 중심이며, 코코넛 밀크를 조리 수로 사용하여 걸쭉한 음식이 많고 조미료와 향신료를 많이 사용하고, 채소와 생선 등의 음식 재료와 과일이 많다. 동북부 지역은 라오스, 캄보디아, 베트남 요리와 유사하며, 농작물이 자라기 어려운 환경이라 밭농사와 축산이 발달하였다. 찹쌀이 주식이며, 코코넛 밀크를 사용하지 않고 민물고기로 담근 젓갈을 사용한다.

북부 지역은 높은 산악지대인 치앙마이 중심이며, 미얀마, 북라오스, 중국 윤남 지역의 요리와 유사한데, 중국의 영향으로 볶음 음식의 발달, 굴 소스의 사용, 화려한 장식, 젓가락 사용 등의 특징이 있다. 찰밥이 주식이고, 맵고 짠맛이 주류를 이루며 생선보다 육류 요리가 많다.

남부지역은 해산물이 풍부하며 코코넛 밀크와 울금을 많이 사용하고 인도, 말레이시아, 인도네시아 요리와 유사하다. 인도의 영향으로 커리 파우더를 사용하기도 하고, 대표적 음식이 퐁 카리phong kari이며 이슬람교의 영향을 받아 쇠고기, 닭고기 등을 사용하며 돼지고기가 들어가는 경우가 거의 없다. 육류보다 어패류 이용이 많다. 포르투갈로부터 고추가 도입되고, 달걀을 이용한 태국의 디저트인 포이통foi thong(포르투갈어로 fios deovos)이 있으며, 일상생활에 불교가 밀착되어 있다.

4) 대표적인 음식

(1) 톰얌tomyam

'톰'은 '끓이다', '얌'은 '매콤한 맛'이라는 뜻으로 매콤 새콤하면서 걸쭉한 수프다. 고수, 남플라, 라임 등의 향신료와 조미료를 사용하고 톰얌쿵, 톰양카, 톰얌프라 등이 있다. 톰얌쿵tomyamkun은 세계 3대 수프 중의 하나로, 태국식 새우찌개 수프이다. 새우와 각종 향신료를 넣고 오랜 시간 끓여 진한 향신료의 향과 매콤하면서 시큼한 맛이 특징이다. 특별한 모임에는 빠지지 않는 음식이다.

(2) 카오팟khaophat

태국의 대표적인 파인애플 볶음밥이다. 쌀 외에 닭고기, 돼지고기, 새우, 달걀, 여러 가지 채소를 이용하며, 태국의 젓갈인 남플라로 맛을 내며 쌀 이외의 재료에 따라 다양한 카오팟이 있다.

(3) 쏨땀somtam

'쏨'은 '신맛을 낸다', '땀'은 '빻는다'라는 뜻이 있으며, 태국의 대표적인 샐러드이며, 마늘, 고추, 땅콩, 마른 새우를 절구에 빻은 것과 라임즙, 피시 소스로 소스인 얍을 만들고 채 썬 그린 파파야와 버무린 요리이다. 주로 쌀밥을 곁들여 먹으며, 고기 요리나 생선 요리와 함께 먹기도 한다. 우리나라 사람들이 식사 중 김치를 즐겨 먹는 것처럼 태국에서는 쏨땀을 즐긴다.

1. 톰얌쿵
2. 카오팟
3. 쏨땀

(4) 팟타이phatthai fried noodle

태국식 볶음면이다. 쌀국수에 닭고기나 해산물 등을 푸짐하게 넣고 피시 소스, 설탕, 라임 주스나 타마린을 넣어 볶은 후에 달걀을 스크램블하여 숙주나물, 부추 및 익힌 새우 등과 함께 섞는다. 볶은 땅콩, 고추 플레이크, 라임 조각, 익히지 않은 숙주나 부추 등을 곁들여 낸다. 매콤한 맛에 쫄깃한 면과 아삭한 채소의 식감이 더해져 맛이 일품이다. 외국인들도 거부감 없이 즐길 정도로 향신료의 향이 약하다.

(5) 수키suki

우리나라의 샤브샤브와 비슷하며, 맑은 육수에 고기, 해산물, 어묵, 채소 등을 넣어 끓인 후 소스에 찍어 먹는다.

(6) 얌운센yamwunsen

녹두로 만든 당면에 새우, 오징어, 잘게 썬 돼지고기를 넣어 만든 매운맛의 샐러드이다. 매운맛, 신맛, 단맛, 짠맛이 골고루 어우러지며, 중부지역 사람들이 즐겨 먹던 새콤한 샐러드인 얌에 중국에서 건너온 당면이 결합된 요리로, '얌'은 '혼합하다', '운센'은 '당면'을 뜻한다.

1 | 2

1. 팟타이
2. 얌운센

2. 베트남의 음식문화

1) 자연적 환경

베트남의 북부는 아열대 기후, 남부는 열대 몬순기후로 남과 북이 기후 차이가 큰 편이다. 열대 계절풍의 영향으로 5~10월까지는 비가 많이 오며, 11~4월은 주로 건기이다. 남부지역은 열대성 기후로 연중 무더운 날씨로 온도 변화가 거의 없어서, 벼를 1년에 3~4회 재배하고, 다양한 채소와 과일 등의 농산물도 풍부하다. 중남부의 산악지대는 커피와 차를 재배하기에 적합한 기후와 토양을 지녔다.

2) 사회적 환경

베트남족(87%), 타이족, 화교 및 크메르족 등으로 구성된 다종교 국가로 중국의 지배를 받았으나 938년 독립하고, 이후 프랑스(1883~1945년)와 일본의 지배를 받기도 하였으나, 1945년 호찌민이 베트남의 독립을 선언하고 베트남민주공화국의 수립을 선언했다. 베트남은 약 1,000년간 중국의 통치하에 있었고, 1850년 독립 이후 다시 100여 년 간 프랑스의 지배를 받아 중국과 프랑스의 영향이 많이 남아 있다. 이로 인해 복합적인 식문화를 지녀 중국, 인도 문화의 영향을 받았고 프랑스 식민지로 인한 서구 문화의 영향도 받았다.

3) 음식문화 특징

중국과 프랑스의 지배로 음식문화에 영향을 받았으나 베트남만의 특성이 잘 형성되어 있다. 남북이 긴 지형으로 음식문화의 차이가 있는데, 남부는 향신료 사용을 풍부하게, 특히 설탕과 코코넛 밀크의 사용이 많은 편이고 프랑스, 태국, 미국의 영향을 많이 받았으며, 따뜻한 기후와 비옥한 토양 덕분에 쌀과 과일, 채소가 풍부하다. 북부는 향신료의 사용이 적고 조리법도 단순, 담백한 편이다. 중부는 17~19세기 베트남의 수도였던 후에를 중심으로 궁중음식이 남아 있어 화려하며, 칠리의 사용으로 매운맛이 강한 것이 특징이다.

쌀을 주식으로, 부식은 육류, 생선, 채소 등을 이용하고 있다. 대부분 향신료를 사용하고 신맛, 단맛, 쓴맛, 짠맛이 혼합되어 있으며, 채소는 주로 생으로 먹거나 삶거나 볶아 먹으며, 육류는 간단한 조리법을 선택하여 식사 종류는 다양하지만 대부분 한 그릇 요리로 간편하고 소박하게 먹는다.

4) 대표적인 음식

(1) 퍼pho

쌀국수 요리로 육류를 넣어 우려낸 육수에 쌀로 만든 국수와 얇게 썬 고기를 넣고 기호에 따라 칠리소스, 라임즙, 고수, 숙주, 느억맘nướcmắm 등을 넣어 먹는다. 느억맘은 우리나라의 액젓과 비슷하고, 주재료는 어장, 물과 설탕으로, 라임이나 고추가 들어가면 신맛과 매운맛이 난다.

(2) 분짜buncha

쌀국수 요리이자 돼지고기 요리이며, 숯불에 구운 다진 돼지고기를 채소, 쌀국수와 함께 새콤달콤한 느억맘 국물에 적셔 먹는다.

(3) 짜조chagio

베트남의 튀김 만두로 서민 음식의 대표 음식이다. 라이스페이퍼인 반짱banhtrang으로 만든 음식 중 하나로, 고기와 채소를 양념한 소를 반짱으로 말아서 튀긴 것이다. 중국의 영향으로 스프링롤이 베트남식으로 정착한 것으로, 짜조는 쌀로 피를 만드는 것이 차이점이다. 반짱에 돼지고기, 새우, 쌀국수, 채소 등을 싸서 먹는 것은 고이꾸온goicuon이라 하고, 우리나라에서는 월남쌈으로 알려져 있다.

(4) 반미baunhmi

베트남식 바게트이며, 밀가루와 쌀가루를 혼합하여 빵을 만들고 고수, 오이, 당근과 무 피클, 마요네즈, 닭 간으로 만든 파테, 피시 소스 등이 들어간 요리이다.

(5) 바인꾸온baunhcuon

찹쌀 반죽을 얇게 만들고 그 위에 양념해서 볶은 돼지고기, 목이버섯을 넣어 돌돌 말아 낸 다음 박하와 기름에 구운 마늘, 숙주 등을 느억맘 소스와 버무려 먹는다.

1 2
3 4

1. 퍼
2. 분짜
3. 짜죠
4. 반미

(6) 바인쌔오baunhxeeo

우리나라의 부침개와 비슷하며, 메콩강 지역의 대표 음식으로 쌀가루 반죽을 얇게 부친 다음 새우, 돼지고기, 얇게 썬 양파와 버섯 등을 넣고 반으로 접어 먹는다. '바인'은 '빵이나 떡, 케이크'를 나타내고 '쌔오'는 '쌀가루 반죽을 부쳤을 때 나는 지글지글 소리'에서 유래되었다.

(7) 수끼suki

맑은 육수에 고기, 해산물, 어묵, 채소 등을 넣어 끓인 후 소스에 찍어 먹으며, 샤브샤브와 비슷하다.

1. 바인꾸온
2. 바인쌔오
3. 수끼

3. 인도네시아의 음식문화

1) 자연적 환경

인도네시아는 18,000여 개의 많은 섬과 민족으로 이루어진 나라로 각기 다른 식문화를 형성하고 있다. 기후로는 고온 다습한 몬순기후, 열대성 몬순기후로 고온, 무풍, 다습하다. 계절은 우기와 건기로 구분되며, 건기는 4~9월경, 우기는 10~3월경이다.

2) 사회적 환경

벼농사는 남부 몽골계통의 이주자들에 의해 소개된 후 4세기경에 시작되었으며, 7~8세기경 중국과의 교류로 힌두교와 불교가 전파되면서 채식주의가 성립하였다. 튀김, 국수, 간장, 두부 등을 만드는 법과 떡, 차도 이때 도입되었다. 10세기경 아랍 상인들과 교류가 활발하였고, 인도네시아의 향료가 알려지면서 향료무역에 관심을 둔 서유럽인들이 진출하여 정기적인 교류를 하였으며, 16~18세기 네덜란드, 영국, 포르투갈 사람들이 들어와 서양 식품 재배 및 조리법을 가르치고 350년 동안 네덜란드가 식민통치하면서 빵 제조, 과일 초절임, 포크, 숟가락 사용이 시작되었다.

3) 음식문화 특징

여러 섬으로 이루어진 인도네시아는 많은 지역 요리가 있고, 식생활 형태에서도 지역마다 차이가 나며, 토착문화와 함께 외국의 영향을 받아 음식이 다양하고, 군도에 널리 분포된 각종 향신료에 의해 향이 강한 것이 특징이다.

인도, 중국, 아랍, 서구의 영향뿐만 아니라 이슬람교, 불교, 힌두교의 종교적 관습에 의해 다양한 음식문화가 형성되었고, 힌두교식 식생활은 현재 발리섬만 유지되고 있다. 중국의 영향으로 장류 및 떡이 발달하였고, 밥의 종류가 다양하고 코코넛 밀크, 신선한 향신료, 고추의 사용이 많으며, 서부와 중앙 인도네시아에서는 보통 늦은 아침에 식사를 준비해서 정오쯤에 아침 겸 점심으로 먹는다. 더운 날씨 탓에 열대작물을 사용하고 튀기거나 볶는 조리법이 많다. 이슬람교의 영향으로 돼지고기를 먹지 않고, 일부 지역은 힌두교로 소고기를 먹지 않는다. 다른 동남아 국가와 같이 쌀을 주식으로 하고 주식과 부식의 구별되어 있으며, 탕 문화는 발달하지 않았고 음식의 형태가 대체로 마른 고형식이다.

4) 대표적인 음식

(1) 나시고랭nasigoreng

인도네시아 전통 볶음밥이며, '나시'는 '밥', '고랭'은 '볶는다'는 뜻이다. 해산물이나 닭고기, 돼지고기, 쇠고기 등을 각종 채소와 함께 넣고 특유의 향신료로 양념하여 볶아낸 음식이다.

(2) 미고랭migoring

볶음면이며, 나시랭과 유사하나 밥 대신 면을 사용하는 것이 특징이다. 보통은 채소와 닭고기로 만들지만, 해산물을 사용하기도 한다.

(3) 삼발sambal

인도네시아의 기본양념이자 반찬으로, 톡 쏘는 특유의 매운맛이 난다. 고추, 마늘, 샬롯, 소금을 기본으로 향신료를 더하여 갈아서 만든다.

(4) 템페temphe

콩 발효식품으로 얇게 썰어 튀긴 후, 밥반찬으로 먹거나 과자처럼 먹는다.

(5) 비프렌당beefrendang

코코넛 밀크와 터머릭, 고추, 마늘, 생강, 샬롯, 레몬그라스 등의 향신료로 만든 소스에 소고기를 넣고 장시간 조린 전통음식이다.

(6) 아얌고렝ayamgoreng

소금을 넣고 튀긴 닭이다.

1. 나시고랭
2. 미고랭
3. 삼발
4. 템페
5. 가도가도

(7) 가도가도gadogado

'가도가도'는 '마구 섞는다'라는 의미이며, 채소를 데치거나 삶아서 만든 샐러드의 일종이다. 삶은 감자, 삶은 양배추, 달걀, 오이, 두부, 숙주, 템페 등으로 만든다.

(8) 소또soto

커리 향이 나는 수프로 닭을 재료로 한 소또아얌과 쇠고기를 재료로 한 소또사삐 등이 있다.

CHAPTER 07

남아시아의 음식문화

1. 튀르키예의 음식문화
2. 인도의 음식문화
3. 사우디아라비아의 음식문화

남아시아에는 인도, 파키스탄, 방글라데시, 스리랑카, 네팔, 부탄, 몰디브 등이 속해 있다. 인도 사람들은 음식에 손이 갈수록 부정하다고 생각하여 부엌을 성스럽게 생각하고 손으로 음식을 먹는다. 남부 인도 요리는 쌀밥이 주식이며 콩, 코코넛밀크, 겨자, 커리, 겨자기름이나 참기름을 많이 사용하고 북부 인도지역은 빵이 주식이다. 남아시아는 인도의 영향이 커서 인도와 공유하는 음식문화가 많다.

1. 튀르키예의 음식문화

1) 자연적 환경

튀르키예는 2022년 터키에서 국호를 바꾸었고, 유럽 남동부 발칸반도의 동트라카이와 서아시아 아나톨리아에 걸쳐 있는 나라이며, 지중해와 접하고 있는 해안 지방은 온화한 지중해성 기후로 여름에는 고온 건조하고 겨울에는 한랭 습윤하여 사계절이 뚜렷한 편이다.

2) 사회적 환경

유럽과 아시아의 경계로 중요한 요지를 차지하고 있으며, 자연숭배 사상과 풍습을 유지하고 있다. 이슬람을 받아들인 뒤에는 유목민의 전통적 식문화에 이슬람 규율이 요구하는 식문화가 영향력을 행사하고 있다.

3) 음식문화 특징

이동에 적합하고, 장기간 보관이 가능하며, 영양가가 높은 식품들을 많이 이용하는 유목민의 전통적인 식문화가 남아 있다. 유목 생활 때문에 습열조리보다는 불에 구워 먹는 조리법을 주로 이용하고, 이슬람교의 영향으로 돼지고기는 금지한다. 말고기와 말젖을 주로 이용하며, 양고기를 가장 선호하고, 잡냄새를 제거하기 위해 향신료의 사용이 발달하였다. 오스만제국의 근대화와 함께 서양과의 관계까지 증대되자 서양의 식문화도 받아들여 기존의 식문화에 혼합되었다. 주식은 쌀의 이용과 함께 빵을 즐기고, 다양한 채소 요리도 발달하였으며, 대부분 자극적이고 매운 편이며 후식은 단맛을 즐긴다.

4) 대표적인 음식

(1) 케밥kebab

'케밥'이란 '구운 고기'를 의미하는데 유목민의 특징적인 고기 요리이다. 쉬시케밥은 쇠꼬챙이(쉬시)에 양고기, 쇠고기, 닭고기를 끼워 구운 케밥이고, 도네르케밥은 고기를 얇게 썰어 향신료에 재우고 회전판에 원통형으로 쌓아 올린 후 숯불 화덕에서 회전하면서 구워 다 익은 부분을 칼로 잘라서 먹는 케밥이다. 모양이나 만드는 방식, 재료나 양념에 따라 종류가 다양하여 300여 가지의 케밥이 있으나 양고기 케밥을 가장 선호한다.

(2) 에크맥ekmek

주식으로 활용하는 빵으로 프랑스의 바게트와 비슷하다.

(3) 메제meze

대표적인 손님 접대용 요리이며, 여러 종류의 전채음식을 뷔페식 또는 주식의 일부로 차려내는 것이다. 식전주 등 술과 곁들여 내는 여러 가지 차가운 전채요리로, 채소류, 콩, 해산물, 버섯, 고기 등 다양한 음식 재료를 사용하고 미트볼, 가지, 소시지, 페이스트리, 샐러드 등으로 구성한다.

1 | 2

1. 케밥
2. 메제

(4) 파스티르마pastirma

고기를 각종 향신료와 소금에 절인 후 말린 것으로 우리나라의 육포와 비슷하다.

(5) 초르바çorba

초르바란 식사에서 가장 먼저 제공되는 수프를 의미하며, 수프의 이름은 주재료의 이름을 따라 아이란으로 만든 수프는 아이란 초르바, 연어로 만든 수프는 연어 초르바라고 한다. 파차 초르바는 겨울에 보양식으로 먹는 수프로, 깨끗하게 씻은 쇠족, 쇠머리, 마늘과 소금 등을 넣어 오랫동안 푹 끓여 만든다. 쇠족 대신 양의 발이나 족발을 사용하기도 한다.

(6) 쾨프테kofte

고기를 갈아 각종 채소를 다져 넣고 만든 완자를 석쇠에 구운 음식이다. 빵, 구운 고추, 생토마토 등을 곁들여 먹는다.

(7) 돌마dolma

채소 요리로 시금치, 콜리플라워, 양배추, 샐러리, 가지, 피망, 껍질콩 등 다양한 채소를 이용하며 육수인 '술루예맥'과 함께 제공된다.

1 | 2

1. 파스티르마
2. 초르바

1┆2
1. 돌마
2. 필라프

(8) 필라프pilaf

필라프는 쌀이나 으깬 밀 등 곡식을 버터나 기름으로 볶은 음식으로 함께 사용되는 재료에 따라 이름이 달라진다. 쌀과 버터, 소금으로 만든 필라프, 병아리콩, 고기, 채소와 토마토 등을 넣은 필라프 등 다양한 종류가 있다.

(9) 음료

치즈, 요구르트, 버터 등 음식에 우유를 넣어 사용하는 다양한 유즙 문화가 발달하였다. 양유 치즈는 양유를 효소로 응고시켜 만든 것인데, 양유는 우유보다 지방, 고형분, 무기질이 더 많아 치즈 제조 시, 더 단단하게 응고하고, 끈적이지 않고 부슬거리는 질감의 흰색 치즈가 된다. 낙타유는 우유보다 콜레스테롤과 유당이 낮아 푸딩 또는 치즈로 만든다. 요구르트는 양유와 낙타유를 젖산균을 이용하여 자연 발효시켜 만드는데, 짜찌기는 요구르트에 오이, 민트, 다진 마늘을 넣은 소스이고 아이란은 요구르트 원액에 물을 타서 희석한 음료로, 아이란에 오이채나 마늘을 갈아 넣은 것은 자즉이라 한다. 요구르트는 튀르키예어로 요우르트yoğurt에서 유래한 말로, 케밥, 쾨프테, 채소, 터키 만두인 만트의 곁들임으로 다양하게 사용되어 튀르키예 요리에서는 빼놓을 수 없는 음식이다.

튀르키예에는 커피도 유명하다. 에티오피아에서 커피 잎과 열매의 과육을 발효시켜 와인으로 만들어 먹는 '퀴스르qishr', 에멘 등지에서 발효한 커피 과육을 생강, 계피와 끓여낸 음료인 '키셔kisher', 발효주를 금지한 이슬람 율법 때문에 커피 원두를 갈아서 물에 우려내는 법으로 발전하여 일반인들도 즐기게 되었다. 아랍 상인들은 유럽으로 커피하우스와 커피를 전파하였다.

1 | 2
3

1. 요구르트
2. 아이란
3. 커피

2. 인도의 음식문화

1) 자연적 환경

인도양에 돌출한 남아시아의 반도에 위치하며 기후는 대체로 열대 몬순성 기후로 1년은 크게 3계절로 구분된다. 열대 몬순형 기후이지만 남북으로 긴 영토 특성상 지역에 따른 기후 차가 심하다. 5~10월에 연평균 강수량이 많고, 4대 지형구에 따라 약간의 차이를 보인다. 인도 북동부 히말라야산맥 주변에서는 아쌈, 다즐링 등의 홍차, 인도 대평원에서는 밀이 생산되고, 해안과 도서지방에서는 해산물, 쌀이 다량 생산된다.

2) 사회적 환경

인도는 다인종 국가로, 종교는 힌두교도가 80% 이상을 차지한다. 중앙아시아 유목민 아리아인이 인도대륙에 침입해 인도의 지배층인 카스트의 상부인 제 1계급, 제 2계급, 제 3계급을 형성하며 사회계급제도 '카스트제도'를 만들었다.

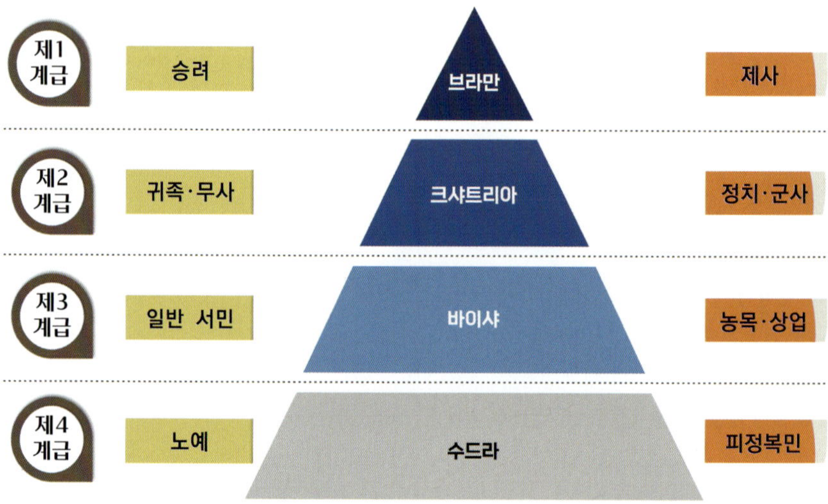

인도의 카스트제도

카스트제도는 브라만, 크샤트리아, 바이샤, 수드라의 4개 계급으로 나뉘고, 헌법상 폐지되었으나 인도 사람들의 삶과 식생활에 큰 영향을 주어, 수드라와 바이샤는 모든 고기를 식용하고 크샤트리아는 쇠고기와 돼지고기를 제외한 닭, 염소, 양고기 등을 식용하고 브라만은 엄격한 채식을 한다.

3) 음식문화 특징

기원전 1,500~1,200년경 아리아인들이 이란 고원을 넘어 인도로 침입하여 인더스 문명을 파괴하고, 현재의 식습관을 만드는 토대를 마련하였다. 힌두교의 영향으로 술과 고기는 '주타jhuta'라고 하여 본래부터 오염된 음식이라고 생각하였으나 노동자와 국민의 체력유지를 위해 육식을 허용하였다. 힌두교도들은 쇠고기를, 이슬람교도들은 돼지고기를 먹지 않았는데, 서로를 존중하는 마음으로 쇠고기와 돼지고기를 모두 피하였다. 이에 따라 각종 자극적인 향신료를 활용하고, 우유와 유제품을 귀하게 취급하였다. 8세기 후반 무굴제국의 영향으로 무굴식의 음식문화가 탄생하였다. 처음에는 주로 보리를 먹었으나 점차 쌀이 중요해졌으며 다양한 콩을 이용한 음식 즉 '달'이라는 콩 요리가 발달하였다. 콩과 유제품으로부터 단백질을 섭취하고 다양한 향신료를 사용하여 일반 가정에서도 20~30가지의 향신료를 상비하여 사용하고 있다. 여러 가지 향신료를 섞어 놓은 혼합 향신료를 힌두어로 마살라masala라고 하는데, 마살라는 반찬에서 스낵까지 인도 음식 대부분에 사용한다. 카스트제도의 영향으로 정·부정 문화가 생겨나, 부정한 음식을 먹으면 내세에 하위계급으로 태어난다는 믿음을 갖고 자신보다 상위계급의 음식은 깨끗하고, 반대는 부정하다고 생각한다. 또한, 자연적인 것은 정, 가공의 것은 부정이라고 생각하여 음식 재료와 요리법을 결정할 때, 음식을 먹을 때 '부정'하지 않도록 하는 규례가 있다. 예를 들면 만든 그릇보다 바나나잎을 사용하는 것이 더 정결하다고 생각한다.

지역에 따라 음식문화에 차이가 있는데, 인도의 북부는 무굴식의 식문화, 남부는 타밀식의 식문화로 구분된다.

북부에는 밀의 생산이 많아 난naan과 차파티chapati, 로티roti 같은 빵을 주식으로 이용하고 이슬람교인이 많아 돼지고기보다는 닭, 염소, 양고기의 섭취를 일반적으로 한다. 우유, 다히buffalo curd(요구르트), 파니르paneer(신선한 치즈), 기ghee(정제 버터) 등과 향신료를 많이 사용하고, 쌀을 기름에 볶다가 뜨거운 국물을 붓고 약한 불에서 수분이 흡수될 때까지 끓여서 만든 밥인 '필라프'로 요리한다. 이러한 스튜 형태의 요리가 많은데, 이는 '무굴제국의 궁정 요리(무굴라이 요리)' 방식이며, 남부보다 조미가 약한 편이다.

남부에는 쌀의 생산이 많아 밥을 주식으로 이용하고, 수증기로 찌는 방법으로 주로 섭취한다. 힌두교인이 많아 쇠고기 섭취가 적으며, 커민(북부가 많이 사용) 대신 겨자, 커리잎, 겨자기름, 참기름을 많이 사용한다. 채소 요리, 콩 요리, 생선 요리 등이 발달하였는데, 마늘, 타마린느, 터메릭, 코코넛 오일, 코코넛 밀크, 크림 등을 애용하고 고추와 칠리의 사용으로 맛은 매운 편이다.

4) 식사의 구성과 형태

(1) 일상식

두 끼의 식사와 간식으로 구성되며 지역, 종교, 생활 수준에 따라 다르다. 아침 메뉴로는 진한 커피, 북부에서는 우유, 홍차 등의 음료와 빵, 오믈렛, 샐러드, 남부에서는 쌀과 콩으로 만든 케이크인 도사dosa 등을 먹는다. 가장 흔히 볼 수 있는 것은 감자 소를 넣은 마살라 도사이며, 소를 넣지 않은 것은 사다 도사라 부른다. 점심 메뉴로는 커리, 탄두리 음식을 먹는데 채식주의자는 콩을 넣은 커피, 채소, 과일, 요구르트 등을 먹는다. 저녁 메뉴로는 밥과 커리, 데치거나 볶은 채소 요리, 고기 요리, 튀기거나 구운 빵, 요구르트나 버무린 샐러드, 과일류, 라씨 등을 먹는다.

(2) 궁중요리

무수한 왕조와 다양한 종교의 영향으로 다양하게 변해 왔으며, 매우 고급스럽고 화려하다. 양고기와 닭고기를 중심으로 무굴제국을 대표하는 음식인 쌀밥에 닭고기와 감자를 층층이 올린 무륵비르야니, 샤프란 일종의 닭구이 무륵마사람, 닭고기 커리인 무륵까살란 등이 있다.

(3) 식사의 형태

한꺼번에 차리는 방식으로 1인분씩 오목한 금속 쟁반인 탈리에 담아서 먹는다. 인도식 정식은 찰밥 또는 차파티, 달, 2~3가지의 커리, 아차르(피클), 다히 등을 수북이 담는다.

5) 대표적인 음식

(1) 탈리thali

'탈리'는 '큰 쟁반'을 뜻하는 힌디어이며, 인도식 정식으로 둥근 쟁반에 밥, 빵, 커리, 달 등의 음식이 차려져 나오는 음식이다. 지역마다 제공되는 종류는 다양해서 북부 지역에서는 금속제 쟁반, 남부지역에서는 바나나잎 위에 차려진다.

1 2

1. 북부지역 탈리
2. 남부지역 탈리

(2) 탄두리tandoori 치킨

큰 항아리처럼 생긴 원형 모양의 화덕을 '탄두르tandoor(진흙 화덕)'라고 하는데, 이를 이용하여 굽는 요리를 탄두리 음식이라고 하고, 탄두리 음식의 대표적인 것이 탄두리 치킨이다. 이집트에서 발명되어 무굴제국 시대에 전파되었다. 맵고 자극적인 맛이 강한 편이며, 붉은색을 띤다. 탄두리 치킨은 하루 정도 요구르트에 절인 껍질 벗긴 닭을 향신료에 재웠다가 쇠꼬챙이에 꿰어 탄두르에 넣어 구운 요리이다. 우리나라 사람들의 입맛뿐만 아니라 전 세계인의 입맛을 사로잡은 대표적인 음식이다.

1
2 3

1. 탄두리 치킨
2. 난
3. 차파티

(3) 로티roti

빵을 총칭하는데 대표적으로 난, 차파티, 파라타, 푸리 등이 있다. 난은 인도의 가장 유명한 빵으로 정제된 흰 밀가루에 효모를 넣어 발효시켜 탄두르 화덕 안쪽에서 납작하게 구운 것이다. 납작하게 만들지만, 발효가스로 인해 공갈빵처럼 부풀기도 한다. 차파티는 가장 간단한 빵으로 밀기울이 든 밀가루를 물에 개어 발효시키지 않고 콩이나 보리와 같은 곡물가루를 섞어 얇게, 간을 하지 않고 화덕에 구운 것이다. 파라타는 기름을 발라서 토막 내 구운 담백하고 구수한 인도의 전통 빵이다. 푸리는 통밀빵으로 기름에 튀겨서 부풀린 빵(보통 차파티를 기름에 튀긴 것)이다.

(4) 커리curry

커리는 채소, 치즈, 고기, 생선 등에 혼합 향신료인 마살라를 넣고 약한 불에서 은근하게 가열하여 걸쭉하게 끓인 모든 음식으로, 특히 강황이 들어가고, 난, 로티와 함께 먹는다. 보통 고기와 채소 중 한 가지만을 사용하는데, 일품요리의 개념이 아닌 반찬 혹은 소스의 개념으로 밥이나 빵과 함께 먹는다. 인도의 커리가 일본으로 건너가면서 매운맛이 부드러워졌고, 우리나라의 카레는 그 영향을 받았다.

1 2

1. 커리
2. 달걀 비리아니

(5) 비리아니briyani

비리아니는 샤프란, 박하잎, 닭고기 등을 넣고 볶은 밥이다. 인도의 결혼식이나 축제 때 나오는 쌀 요리로 고기와 밥을 켜켜이 넣어 밀봉한 후 오래도록 구워, 커리, 샐러드와 곁들여 먹는다.

(6) 달dhal

여러 종류의 콩을 넣어 만든 요리로, 콩 요리를 통칭하는 말이다. 통째로 익히거나 부드럽게 삶은 콩을 으깨서 마살라를 가미한 수프이며, 밥, 차파티, 난에 찍어 먹는다.

1 | 2
3

1. 달
2. 사모사
3. 마살라 차이

(7) 사모사samosa

커리에 감자, 완두 등의 채소로 속을 채워 반죽으로 싼 후 세모 모양으로 만들어 튀긴 페이스트리이다. 대표적인 스낵이며 파파덤, 파코라, 알루초프, 판 등이 있다.

(8) 마살라 차이masala chai

홍차에 우유와 설탕을 넣은 것으로 지역에 따라서는 마살라를 첨가해 마시는 인도의 대표적인 음료이다. 이 외에도 음료에는 라씨, 코코넛 주스, 남인도의 커피가 있다. 라씨는 요구르트에 과일이나 설탕, 물을 섞어서 시원하게 마시는 요구르트 음료이다.

3. 사우디아라비아의 음식문화

1) 자연적 환경

사우디아라비아는 반사막과 약간의 관목지로 구성되어 있다. 네 지역으로 나눌 수 있는데, 북서부의 히자즈 지역은 고온다습하며, 남서부의 아시르 지역은 강우량이 많은 농업지역이다. 중앙부의 네지드 지역은 광대한 고원지이며, 동부의 하사 지역은 여름에는 고온다습하여 최대의 오아시스 지대로써 농업의 중심지이다. 국토의 대부분이 척박하여 경작지의 비율이 낮아 주식인 쌀은 거의 수입한다.

2) 사회적 환경

코셔kosher는 히브리어로는 카슈룻이라고 하는데, 정결함이라는 뜻이고, 유대인들이 따르는 음식 규례를 말한다. 코셔를 지키는 유대인에게는 무엇을 먹고 마셔야 하는지에 대한 기준점이 되는 매우 중요한 먹거리 지표이다. 코셔 마크는 유대 율법에 따라 도살, 처리, 가공을 했다는 인증이다. 지역 유대인 커뮤니티의 랍비가 직접 생산 현장을 방문하여 정결한 음식의 제조에 부합하는지 모니터링을 하여 인증한다. 어떤 식품과도 함께 조리할 수 있는 중성 식품pareve을 파레브 인증이라고 하는데, 파레브 제품에는 고기, 우유, 각각의 파생상품이 포함되지 않으며 생선, 달걀, 곡물, 과일 및 농산물과 같은 식품이 포함된다. 일반인들도 건강을 추구하기 위해서, 유당불내증 같은 질환 때문에, 혹은 채식주의자들의 경우 코셔 식품을 더 선호한다.

1926년 아라비아 반도의 통일로 히자즈 왕궁이 되었고, 1927년 히자즈, 네지드 왕국이 성립된 후 1932년 사우디아라비아 왕국이 되었다. 주요 민족이 아랍족으로 97%의 인구가 이슬람교를 믿는다. 이슬람교의 진원지로 관습과 예절을 지키는 전통이 가해져 이슬람 율법이 모든 생활의 가치 기준이 된다. 이슬람 창시자 모하메드가 천사 가브리엘의 계시를 받아 코란을 쓰고 유일신 알라를 전파했는데, 코란에서 할랄halal은 허용된 음식, 성스러운 음식이라는 뜻으로 이슬람의 도살 의식을 거쳐 도살한 초식동물의 고기를 의미한다. 하람haram은 금지된 음식으로 이슬람인으로서 손을 대면 안 되는 부정한 음식으로 이슬람식 도살 의식을 거치지 않고 잡은 모든 고기와 양서류, 파충류, 메뚜기를 제외한 벌레, 사람을 취하게 만드는 술과 마약, 담배 등을 의미한다.

3) 음식문화 특징

이슬람교의 영향을 받아 돼지고기는 먹지 않고, 닭고기와 양고기를 가장 많이 이용한다. 닭고기 소비량이 세계에서 가장 많고 양고기는 전통적으로 손님 초대나 국경일 등에 많이 소비한다. 육류는 이슬람식 도살 의례를 거친 것만 먹는데, 깨끗하게 처리되지 않은 음식도 먹지 않는다. 또한, 음주도 엄격하게 금지되어 커피, 홍차, 요구르트 음료 등을 많이 마신다. 알라신을 기리기 위해 기도하는 라마단 기간에는 한 달간 동트기 전에 식사한 후 달이 떠 있을 때 음식을 일절 먹지 않는다.

식품은 다양하지 못해 주식으로 사용하는 쌀, 빵을 만드는 밀, 보리, 대추야자, 고기가 주로 사용되며, 렌즈콩, 잠두, 병아리콩 등의 두류와 라반(요구르트 일종), 흰 치즈, 버터, 크림 등의 유제품을 주로 이용한다. 비늘이 없는 해산물인 해삼, 전복, 뱀장어 등은 먹지 않고, 오이, 가지, 서양 호박, 오크라, 양파 등의 채소류, 감귤류, 올리브, 무화과, 석류 등의 과일류, 허브와 스파이스 등을 이용한다.

4) 대표적인 음식

(1) 캅사kabsa

쌀을 쇼트닝으로 볶다가 물을 알맞게 넣고 아몬드나 건포도, 잣, 건 라임, 계피, 샤프란, 통후추, 디마, 오레가노 등을 넣고 밥을 지어 그 위에 푹 삶거나 로스트한 고기를 얹은 요리를 총칭한다. 보통은 양고기 캅사보다는 가격이 저렴한 닭고기 캅사가 훨씬 많이 이용한다. 채소 샐러드와 같이 제공되어 기름기 많은 캅사의 느끼함을 잡아준다. '쌀싸 하-르'라는 매운 소스가 같이 곁들어지는데, 토마토, 고추나 피망과 같이 갈아 매콤한 맛이 나서 밥 위에 뿌려서 섞어 먹는다.

(2) 쿠브즈khubz

발효되지 않은 둥글납작한 얇은 빵으로 주식으로 먹기 때문에 모든 식사에 거의 빠지지 않는다.

1 | 2
1. 캅사
2. 쿠브즈

(3) 훔무스hummus

병아리콩을 삶고 으깨어 타히니(깐 참깨), 마늘, 올리브 오일, 레몬즙 등을 섞고 갈아 소금으로 간을 한 소스이다. 연한 노란색에 매시드 포테이토와 같은 되직한 질감이며, 단백질의 비중이 높고 지방이 적다. 맛은 지역이나 식당, 취향에 따라 미세한 특징이 있는데 가장 큰 차이는 향신료에서 나온다. '쿠브즈'에 발라서 먹거나 전채요리로 먹는다. 팔라펠이나 구운 닭고기, 생선, 가지 요리 등에 곁들여 먹는다.

(4) 팔라펠falafel

렌즈콩, 병아리콩 또는 잠두를 갈아서 작은 파이 모양이나 둥근 볼 모양으로 튀긴 음식으로 고로케 같은 중동음식이다. 샌드위치 재료로도 많이 쓰이며, 훔무스에 곁들여 먹는다. 아랍 빵에 팔라펠과 양상추, 토마토, 오이절임, 참깨를 갈아서 만든 타히니 소스 등을 넣은 샌드위치는 중동 각 지역에서 가벼운 식사로 이용된다.

(5) 대추야자dates

대추야자는 과거에는 중요한 주식 중의 하나였으나 최근에는 간식과 선물로 애용되고 있다.

(6) 아랍식 커피

아라비카 커피콩으로 만드는 음료로써, 카다멈cardamom을 넣어 만드는 경우가 많다. 카다멈은 생강과 소두구속이나 두구속에 속하는 몇몇 식물의 씨앗으로 만드는 향신료를 일컫는다. 핀잔finjan이라 불리는 손잡이가 없는 작은 컵에 마시며, 설탕 대신 단맛이 나는 대추야자나 건과, 글라세, 견과 등과 같이 먹는다.

(7) 라반laban

즐겨 먹는 요구르트로, 전채요리나 소스에 이용하거나 요구르트 음료로 만들어 먹는다.

1 2
3

1. 훔무스
2. 팔라펠
3. 라반

CHAPTER 08

서유럽의 음식문화

1. 프랑스의 음식문화
2. 영국의 음식문화
3. 독일의 음식문화

서유럽은 대서양과 지중해를 끼고 온난 다습한 기후이다. 지중해의 좋은 기후는 휴양과 과일의 재배지로 여겨지며 국토는 낮은 언덕과 평야가 펼쳐있어 농산물과 축산물이 다양하게 생산되고, 수산자원 역시 풍부하여 음식문화 발달의 조건을 갖추고 있다. 그러나 많은 역사적 사건으로 국민들의 특성과 국가의 경제적인 여건이 식문화 형성에 많은 영향을 주었다.

1. 프랑스의 음식문화

1) 자연적 환경

유럽의 중심부에 위치하여 전 국토의 ⅔ 이상이 완만한 평야와 낮은 구릉지대로 이루어져 있어 농업이 성하며, 육각형의 국토 중 삼면이 대서양과 지중해에 면해 있어 해산물의 이용이 원활하고 목초지가 많아 축산업이 발달했다. 천혜의 자연을 이루고 있어 농산물, 축산물, 수산물 모두가 풍부하므로 음식 재료를 다양하게 사용하면서 요리가 발달하였다. 프랑스의 중부 이북은 전반적으로 일조량이 적고 우리나라와 비교하면 사계절 기온 변화가 적은 편이며 중부 이남의 지중해변은 연중 따뜻하고 여름에는 고온 건조한 기후를 보인다.

2) 사회적 환경

프랑스 음식은 이탈리아 메디치가의 왕녀가 프랑스로 시집오면서 이탈리아의 요리법을 전수하여 발달하였고, 서유럽의 음식문화는 중세를 거쳐 르네상스 시기까지 음식문화의 주도권을 잡았던 이탈리아와 프랑스를 중심으로 이루어졌다고 볼 수 있다. 창의력을 중시하고 유럽의 다른 어떤 나라보다도 외국의 문물에 대하여 수용적이다. 프랑스 음식 맛의 비결은 소스로, 가장 어렵고 공이 많이 들면서 음식 맛의 기본을 이루는 것이 마리네이드 소스이다.

3) 음식문화 특징

(1) 시각효과 중시

프랑스 국민은 음식의 창의력을 매우 존중하며 요리에서도 미각뿐만 아니라 시각적 효과를 매우 중요하게 생각하였다. 1980년대부터 선보인 누벨 퀴진은 새로운 요리라는 뜻으로 시각 효과의 극치이다.

(2) 외국 문물의 도입

유럽의 다른 어떤 나라보다도 외국의 문물에 대하여 수용적인 프랑스는 16, 17세기 프랑스의 식민지들(중동, 아프리카, 동남아시아)로부터 많은 식품과 음식의 조리법을 도입하였다.

(3) 식사시간 엄수

프랑스인들의 아침 식사는 크루아상 한두 개와 카페오레로 마무리하지만, 저녁 시간은 2~4시간에 걸쳐 진행될 정도로 푸짐하고 많은 코스를 즐긴다. 공식적인 점심시간도 12~2시까지 2시간이다. 점심 식사는 보통 단체급식이나 카페테리아, 카페, 브리스 등에서 식사를 한다.

4) 대표적인 음식

(1) 포도주

프랑스의 포도주 산지는 크게 나누어 보르도Bordeaux, 부르고뉴Bourgogne, 론느Rhone, 루와르Loire, 알자스Alsace, 상파뉴Champagne 등이다.

포도주는 프랑스 각 지역에서 생산되는데, 지역에 따라 맛, 색깔, 향기 등이 모두 다르고, 크게 백포도주, 분홍빛 포도주, 적포도주로 나누어진다. 백포도주는 차게 해서 주로 생선 요리와 함께 마시고, 적포도주는 상온에서 육류 요리와 함께 마신다. 분홍빛 포도주는 생선 요리와 육류 요리 모두 잘 어울리나, 많이 생산되지는 않으며, 주로 남부지역에서 시원하게 마시는 경우가 많다.

(2) 프랑스 빵

프랑스의 식탁에서 빵은 빼놓을 수 없는 음식이다. 프랑스인들은 매 끼니 모든 음식을 빵과 함께 먹는다. 아침 식사가 아니면 바게트와 시골 빵과 같은 담백한 빵을 곁들이고 아침 식사에서는 이들 빵에 버터나 잼을 발라 먹거나 크로와상을 까페올레cafeaulait에 담가 먹는다.

(3) 치즈cheese

프랑스 치즈의 종류는 400여 종 이상으로 매우 다양하다. 지방마다 독특한 치즈가 생산되며 원료는 주로 소젖과 양젖이다. 프랑스인들은 가공된 연성 치즈는 좋아하지 않아 주로 생 치즈를 먹는데 치즈의 맛을 아는 사람일수록 독한 향을 가진 치즈를 선호한다. 프랑스인들이 많이 먹는 치즈로는 까망베르, 로크포르(푸른곰팡이가 피어 있는 치즈), 염소치즈, 브리 치즈, 에멘탈 치즈, 고우다 치즈 등이 있다.

(4) 에스카르고escargot

달팽이를 데쳐서 껍질 속에 넣고 마늘과 파슬리로 향을 낸 버터를 입구에 듬뿍 얹어 오븐에 구워낸 것이다. 원래 자연산을 요리해 먹었지만, 수요가 많아지면서 식용으로 키우며, 고단백 식품으로 노약자에게 좋다.

1 2

1. 에스카르고
2. 프와그라

알아두기

보졸레 누보Beaujolais nouveau

보졸레 누보는 그 해에 신속히 추수하여 순간적인 발효(4~5일)와 빠른 숙성(4~5주)을 하여 만들어진 첫 번째 포도주이다. 원래는 이 포도주의 생산을 자축하며 보졸레 지방이나 기타 대도시에서 일반인들이 주점 등에서 마시던 막 포도주free-flowing wine였으나 1951년 보졸레 지방의 한 포도주 생산 업자에 의해 포도주의 출하시기를 일정하게 잡으면서 마케팅의 힘을 빌려 전 세계적으로 유명해졌다. 1985년부터 보졸레 누보의 출하시기를 11월 셋째 목요일로 결정하고 그 이전에는 생산하지 않도록 하여 이 시기가 되면 많은 상인에 의해 보졸레 누보를 시음하는 축제의 분위기가 조성된다.

(5) 프와그라foiegras

살찐 거위나 오리의 간을 뜻하며 다른 재료들과 섞어서 빠떼pate나 테린terrine으로 만들어 먹기도 하고 그대로 구워 먹기도 한다. 지방 함량이 많아 부드럽게 입안에서 녹는 맛이 일품이다. 프랑스인들이 크리스마스 이브에 먹는 특별식이다.

(6) 송로버섯 튀르플truffe

식탁 위의 다이아몬드라 불리는 버섯으로 떡갈나무 숲의 땅속에서 자라 숲과 흙의 그윽한 향이 배어 있다.

(7) 샤또 브리앙chateau brian

샤또 브리앙이란 소에서 가장 고급의 질을 갖는 고기 부위를 부르는 말로써 안심 중에서도 가장 부드러운 부분이다. 스테이크는 대개 매콤한 프랑스 디종 지역의 겨자와 함께 먹는다. 스테이크에는 곡류나 채소를 곁들이며 'french fry'로 알려진 감자튀김을 곁들인다.

(8) 부르기뇽bœuf bourguignon과 꼬끄오뱅coq au vain

프랑스 사람들이 즐겨 하는 요리 중 적포도주의 향을 이용하는 대표적인 요리는 부르기뇽(쇠고기 사태 살에 적포도주를 듬뿍 넣고 조리한 것으로 우리나라의 사태찜과 비슷하다), 꼬끄오뱅(닭에 포도주를 넣어 찐 것) 등이며 포도주는 후식을 만들 때도 이용한다.

(9) 쁘띠푸르petits fours

한입에 들어갈 크기의 전채나 후식류, 과자류를 통칭하는 말로서 손으로 집어 먹을 수 있도록 파이의 껍질 속에 짭짤한 맛이나 단맛을 갖는 속을 채워 넣는다. 뷔페나 다과상, 술안주 등으로 먹기 좋으며 보기에 화려하여 파티 음식으로도 이용된다.

1 2
3 4

1. 송로버섯
2. 샤또브리앙
3. 쁘티푸르
4. 꼬끄오뱅

5) 프랑스의 식당

(1) 비스트로

가장 서민적인 파리의 식당이다. 파리 사람들은 흔히 트로케라는 속어로 부르고 있다. 가게는 자그마하고 평범하게 꾸며져 있는데, 안에는 긴 계산대가 있어서 그 안에서 포도주를 마신다. 가게마다 내놓는 포도주의 종류와 생산자가 다르다. 대개는 포도주만 마시지만 출출할 때는 안주를 먹기도 한다.

안주는 삶은 달걀이나 소시지, 햄, 치즈 등으로 언제든지 와서 부담 없이 먹을 수 있다. 비스트로에서 레스토랑으로 승격한 가게 중에서 정식을 파는 곳도 있다.

(2) 브라스리

비스트로보다 더 대중적인 가게로 비어홀이라는 뜻으로 비스트로보다는 규모가 크고 낮부터 밤 1시까지 영업한다. 주로 맥주를 취급하는데, 안주는 카스크루트 뿐만 아니라 간단한 요리도 내놓는다. 맥주를 마시면서 먹고 싶은 것을 한두 접시 주문하여 부담 없이 먹을 수 있다.

(3) 살롱 드 테

여성들이 끝없이 이야기를 주고받으며 한 때를 즐기는 곳이다. 다방과 제과점을 합친 일종의 찻집이다. 가게의 분위기도 카페보다 훨씬 우아하며, 파리의 이름 있는 레스토랑은 예약을 해야 한다. 예약은 1주일 전쯤, 늦어도 2~3일 전에 해야 한다.

6) 프랑스 요리의 풀코스

(1) 아페리티프aperitif

식욕 촉진을 위한 식전주인데, 보통 백포도주에 카시스 크림을 섞은 키어나 샴페인에 카시스 크림을 섞은 로얄키어, 아니스 향이 독특한 리카르나 페르노 등을 짭짤한 과자나 땅콩, 아몬드 등의 마른안주와 마신다.

(2) 차가운 전채 요리cold appetizer

뜨거운 요리가 나오기 전에 내는, 식욕을 촉진하기 위해 간단히 먹는 요리이다. 와인은 선택한 요리의 종류에 따라 화이트나 적포도주, 또는 지역별 와인으로 나뉘어 전 코스 동안 제공된다.

(3) 수프soup

맑게 끓인 콩소메나, 생크림이 들어간 포타쥬, 바게트 빵 한 쪽 위에 치즈를 얹어 수프 속에 넣어 그라탱 한 양파 수프가 제공된다.

알아두기

누벨 퀴진Nouvelle Cuisine

1970년대부터 연구되기 시작한 이 새로운 요리는 17세기 고전주의 정신의 한 맥락을 이어받은 것이다. 자연적인 향신료와 허브를 사용하고, 재료의 맛을 최대한 살리며, 고기의 사용을 줄이고 채소를 많이 이용하는 영양학적인 조리법이다. 몇 세기 동안 잊혀 있던 요리법이 건강을 생각하는 현대인들 앞에 부활한 것이다. 누벨 퀴진은 생식 및 열량이 낮은 요리를 연구하며, 외국의 요리에 상당히 개방적이라서 '80년대 프랑스에서는 전통요리법에 대한 논란이 있었다.
미식가들의 입맛을 맞추기에는 역부족인 점도 없지 않지만, 현대의 성인병 예방 차원에서 요리의 한 장르로 자리 잡아가고 있다. 요즈음 우리나라에서 유행하는 퓨전Fusion과 누벨 퀴진을 혼합해서 사용하는 사람들이 있는데 그 개념은 완전히 다르다. 퓨전은 여기저기의 음식을 섞는다는 의미에서 노벨('새로운new'이라는 뜻)이긴 하지만, 그 섞는 과정에서 음식이 더 무거워지는 경향을 무시할 수 없기 때문이다.

(4) 뜨거운 전채 요리hot appetizer

보통 무거운 육류보다는 해산물이나 달걀, 채소 등을 이용한다. 유명한 것으로는 달팽이 요리, 프라이팬에 살짝 구운 거위 간 요리, 관자 요리Coquille de Saint-Jacques, 개구리 뒷다리 요리 등도 전채 요리로 유명하다.

(5) 생선 요리fish

바다 생선, 민물고기, 갑각류, 어패류 등 다양한 천혜의 재료를 생크림이나 올리브오일, 백포도주 등을 사용하여 신선한 재료의 맛이 살아 있도록 조리한다.

(6) 육류 요리meat

쇠고기뿐만 아니라 양고기, 송아지고기, 돼지고기, 사슴고기, 꿩고기, 가금류 등 다양한 재료를 사용한 육류 코스이다.

(7) 로띠roast

영어로 로스트인데 역시 다양한 재료를 사용하며, 통째로 오븐에 각종 채소나 감자를 함께 구워낸 후 잘라서 제공한다.

(8) 샐러드salad

미국식 정찬 코스는 샐러드를 메인 디쉬 전에 내지만 프랑스식은 모든 메인이 끝난 뒤에 제공되는 것이 특징이다. 시원한 샐러드로 입가심을 한다는 의미에서 상추, 토마토, 오이, 앙디브, 샐러리 등을 많이 사용한다.

(9) 치즈cheese

치즈는 디저트에 포함할 수도 있지만, 프랑스인에게 이 치즈 코스는 빼놓을 수 없는 것이다. 보통 식사 후에는 까망베르나 브리, 로크포르 등이 제공되는데 커다란 나무 도마 위에 각종 치즈를 얹어 돌리면, 본인이 원하는 것들을 잘라서 덜어간다. 치즈는 남은 바게트와 포도주를 끝내기 위해 함께 먹는다.

(10) 디저트dessert

단 케이크 종류에서부터, 구운 사과에 생크림을 뿌린 것, 오렌지 소스에 아이스크림이 곁들어지는 크랩 슈제트, 초콜릿 무스, 시럽에 절인 배, 가공하지 않은 요구르트나 응고시키지 않은 자연 치즈 등에 과일을 넣어 내놓는 콩 포트 등 다양한 디저트들이 발달해 있다.

(11) 커피coffee와 디제스티프disgestiv

디제스티프란 아페리티프에 반대되는 말로서 식후의 소화를 돕기 위한 브랜디를 말한다. 아페리티프로 도수가 좀 낮은 가벼운 술을 마신다면, 디제스티프로는 알코올 함량이 40도가 넘는 브랜디인 코냑이나 칼바도스, 또는 아주 단 리큐르 종류를 마신다.

알아두기

부케 가르니

프랑스 요리의 한 장르로서 빼놓을 수 없는 것이 앙드레와 함께 곁들여지는 가르니Garni인데, 삶아서 시럽에 절인 당근, 브로콜리, 구운 감자 등을 말하는 것으로, 배합되는 색과 놓이는 위치에 따라 요리를 더욱 돋보이게 하고 입맛을 환기하는 역할을 한다.

2. 영국의 음식문화

1) 자연적 환경

유럽 북서쪽의 섬나라로 잉글랜드, 스코틀랜드, 웨일즈, 북아일랜드 4개의 지역으로 구성되어 있으며 서늘한 기후로 감자의 생산이 많으며 낙농업과 목축업이 발달하여 유제품의 이용이 많다. 영국의 위도는 높지만, 기후는 편서풍과 걸프만류 덕분에 온난다습하다. 겨울은 춥지 않지만, 비가 많이 오고 바람이 적은 날엔 안개가 낀다. 남부지방은 목축업이 성행하고 양고기가 육류의 급원이며 돼지고기와 가금류의 섭취도 많고 생선 요리가 발달하여 생선 가공 및 저장기술이 발달하였다.

2) 사회적 환경

인종학적으로 켈트족, 이탈리아의 로만족, 독일의 앵글로색슨족, 프랑스의 노르만족이 모여 사는 다인종 사회이다. 1750년 산업혁명으로 인한 상공업의 발달로 전통적인 조리법보다 간단한 조리법을 선호하게 되었으며 영국의 척박한 기후 조건과 금욕을 중시하는 청교도의 영향으로 음식에 대한 감각이 상대적으로 부족하다 할 수 있다. 로마 통치기간에 천주교가 도입되어 국교로 숭배되었으나 16세기에 성공회가 수립되어 잉글랜드를 중심으로 영국 각지에 보급되었다.

3) 음식문화의 특징

영국의 음식문화는 크게 발달하였다고는 볼 수 없고 비교적 단순한 요리 형태를 취하고 있다. 조미료를 거의 사용하지 않으며 먹을 때 입맛에 따라 소금이나 후추 등의 향신료나 겨자를 넣어 먹는다.

(1) 영국식 아침 식사는 푸짐하다.

영국은 아침 식사와 오후의 티타임을 매우 중요하게 생각하는 나라이다. 대륙식 아침 식사는 커피와 빵 종류로만 하는데 비해 영국식 아침 식사에는 과일 주스, 시리얼, 베이컨과 달걀 혹은 소시지와 달걀프라이, 훈제 청어와 토마토 등으로 실속 있는 상을 차려 먹는다. 여기에서 'English breakfast'라는 말이 유래된다.

(2) 빵은 베이킹파우더로 부풀린다.

영국의 빵은 주로 베이킹파우더를 이용하여 부풀리므로 공정이 간단하다. 그래서 영국에서는 빵이나 케이크, 쿠키, 크래커 등을 통칭하여 '비스킷'이라는 단어를 쓴다.

(3) 감자가 많이 생산되어 다양한 요리가 개발되었다.

서늘한 기후로 인하여 감자 농사가 발달하였으며 감자의 생산량이 많아서 스튜와 파이shepherd's or sottage pie, 팬케이크, 튀김, 으깬 감자 등 다양하게 이용되었다.

알아두기

하루 6회의 티타임

영국인들은 아침 5시에 'early morning tea'로 차 마시는 습관을 시작하여, 오전 11시경과 점심 직후, 오후 3~4시에 'afternoon tea'를, 5시경에 'high tea'를 그리고 저녁 시간, 이렇게 하루에 대개 6번의 차를 마신다. 식간에 마시는 차는 대개 샌드위치나 파이류, 케이크 등을 곁들이거나 잼이나 버터를 바른 토스트, 머핀, 스콘 등을 곁들인다. High tea는 대개 육류와 함께 제공되며 저녁에 일찍 재우는 10살 이전의 어린아이들에게는 이것이 저녁 식사가 된다. 어른들은 어린이들을 재우고 좀 더 늦게 어른들끼리 조용히 식사를 즐긴다.

(4) 자연스러움을 강조하는 조리방식이다.

'자연스러움'을 강조하여 음식 자체의 맛과 향을 중요시하므로 남부 이하의 여러 나라에서와 같이 향신료를 많이 쓰지 않는다. 육류는 알맞게 잘라 가볍게 양념을 한 후 주로 굽거나 지져서 조리하며 우스터 소스woscesteshire sauce(앤쵸비, 식초, 간장, 마늘, 각종 향신료를 섞어 만든다.)를 고기 위에 뿌려 먹는다.

(5) 커피보다 차를 즐기는 사회이다.

영국 음식문화의 특징 중 한 가지는 차 문화이다. 오후 4시에 하던 일을 모두 멈추고 30분 정도를 tea break로 철저히 지켜나가는 관습으로 보아 차는 영국인들의 음식문화에서 빼놓을 수 없는 요소이다. 영국의 차 문화가 번성하게 된 요인 중의 하나는 식민지로 통치하던 인도의 역할이 크다. 영국에서 주로 마시는 차는 인도산 차와 실론 차다. 상류계층에서는 고급의 중국산 차를 마시는 때도 있지만 대개 아삼, 다아질링, 닐기리 등의 인도산 차를 주로 마신다. 그 외에도 맥주와 위스키를 많이 마시는 습관이 있다.

4) 대표적인 음식

(1) 로스트 비프roast beef와 요크셔 푸딩yorkshire pudding

로스트비프는 쇠고기의 큰 덩어리를 통째로 구운 것으로 가장 간단하고 꾸밈이 적은 요리라 할 수 있다. 영국에서 로스트 비프에는 흔히 요크셔 푸딩을 곁들인다. 요크셔 푸딩은 밀가루, 달걀, 우유를 혼합하여 반죽하고 로스트 비프를 하고 난 뒤 흘러내린 육즙의 기름을 부어 구워낸 푸딩이다.

(2) 피쉬 앤 칩스 fish and chips

영국의 생선은 튀기는 조리법을 많이 이용하는데, 대표적인 생선 요리로 'fish and chips'는 대구나 명태와 같은 흰살 생선을 기름에 튀긴 것과 감자튀김을 뜻한다.

(3) 후식이나 간식용 과자

후식으로는 과일로 만든 타르트tart나 푸딩을 주로 먹는다. 'Frifle'이라는 포도주나 브랜디로 촉촉하게 적신 케이크 위에 커스타드 크림, 라스베리 잼이나 초콜릿, 거품 낸 크림 등을 켜켜로 얹어 만든 후식이나 고기, 양파, 감자, 때에 따라 과일까지 속으로 채워 넣어 따뜻하게 먹는 코니쉬 패스트리cornish pastry 등이 있다.

1 | 2
3

1. 로스트 비프
2. 요크셔 푸딩
3. 피시 앤 칩스

(4) 영국인이 즐기는 음료, 맥주와 위스키

영국인들이 일반적으로 많이 마시는 음료로는 맥주와 위스키이다. 아일랜드에서는 스타우트stout란 맥주를 가장 좋아하는데 이 맥주는 흑색이며 매우 농후하고 맥주의 열량도 많다. 영국의 대중 술집에서는 역시 흑갈색의 호프 냄새가 강한 비터bitters란 맥주를 흔히 마신다. 그 외에도 마일드mild라고 부르는 순한 맛의 맥주와, 색은 연하지만 알코올 도수가 높고 탄산이 많이 들어 있는 페일 에일pale ale과 알코올 도수가 높고 개성 있는 맛을 가진 스트롱 에일strong ale도 즐겨 마신다.

영국의 위스키는 전 세계적으로도 유명하다. 아이리시 위스키는 보리를 발효시켜 만든 증류주이지만 스카치위스키는 보리를 싹을 틔워 발효시킨 증류주이다. 그 외에 진, 포트(포르투갈에서 만든 브랜디를 섞은 포도주), 세리주 등도 즐겨 마신다.

3. 독일의 음식문화

1) 자연적 환경

독일은 유럽의 중심부에 위치하여 북부는 평원, 중부는 고지대, 남부는 알프스산맥을 끼고 있다. 프랑스에 비해 다소 추운 편이고 햇볕은 매우 적은 편으로 라인강변의 한정된 지역에서만 포도를 재배한다. 남쪽으로 갈수록 산맥이 가까워져 기온이 낮아지므로 남북 간의 온도 차이는 크지 않은 편이다.

2) 사회적 환경

독일의 인종은 주로 게르만족이며, 접경지역에 소수의 민족이 살고 있다. 언어는 독일어를 사용하는데 지방마다 사투리가 심하며 종교 분포는 개신교(49.1%), 가톨릭(42.7%), 이슬람교(2.7%), 무교(7%) 순이다. 현재의 배타적이고 보수적이며 단결력이 강한 독일인들이 성향이 무엇이든 견고하고 단순하게 만드는 국민성이 되었다. 산업혁명을 거치면서 부의 축적이 이루어지고, 식사예절은 더 정교해졌으며, 호프식 식사예절을 일반층까지 전파하였다. 유럽에는 프랑스 요리, 영국 요리, 이탈리아 요리, 에스파냐 요리 등 각국의 기후·풍토·민족성·사회성 등에 따라 다른 특징을 가지는 요리가 있다.

3) 음식문화 특징

독일의 음식문화는 주변국인 이탈리아, 프랑스 등의 화려한 음식문화와 비교하면 그리 발달하지 못한 편이지만 돼지고기와 빵, 소시지, 감자 등을 주식으로 하는 검소하고 전통적인 전원 음식문화를 가지고 있다.

(1) 감자와 빵 등의 서민적인 음식문화이다.

독일 음식에서 돼지고기와 함께 손에 꼽는 대표적 음식 재료는 감자이다. 동서양 어디서나 사랑받는 감자는 특히 독일 음식에서는 사이드 메뉴가 아닌 주식으로 당당히 자리 잡았다. 조리법은 대개 가루로 만들어서 요리에 사용하지만, 그 외에도 프라이드 포테이토, 매쉬드 포테이토, 통감자 구이 등 다양하며 수프, 과자, 샐러드 요리 등에 많이 이용되고 있다.

소시지, 감자와 함께 아침, 저녁의 주 메뉴인 빵도 독일의 주식이다. 독일의 빵집에서는 매일 새벽 구워내는 주먹만 한 브뢰첸과, 주로 저녁에 먹는 온갖 곡식을 섞거나 한 가지씩 넣어 만든 검은 빵을 만들어 버터나 마가린을 발라 먹으며 햄과 소시지를 얹기도 한다.

(2) 소시지를 비롯한 돼지고기 저장 음식이 발달하였다.

독일인들은 쇠고기보다 돼지고기를 선호한다. 독일에서 소시지와 햄이 발달한 것은 자연환경의 영향이 컸다. 사계절이 있고 특히 겨울이 긴 독일은 겨울의 보존 식량으로 돼지를 택했다.

크리스마스 시즌이 되면 돼지를 잡아 가장 좋은 고기 부위는 크리스마스용으로 남기고 나머지는 햄, 베이컨, 소시지를 만드는 등 돼지의 어느 한 부위도 버리지 않았다. 특히 소시지는 부위별로 자른 뒤 남은 지육을 돼지 창자 등에 넣어 만든 식품으로 독일인의 절약 정신을 엿볼 수 있는 전통음식이다.

(3) 점심 식사에 따뜻한 만찬 즐겨

절약 정신이 강하고 검소한 독일인들은 식생활에서도 소박하고 간편함을 추구한다. 음식을 차릴 때 종류에 따라 각각 다른 접시에 담지 않고 커다란 접시 하나에 모든 종류의 음식을 담아 남기지 않는다. 아침식사는 브뢰첸에 버터나 마가린, 잼, 꿀을 바르거나 햄, 치즈를 얹어 먹는다. 특히 삶은 달걀은 아침에 빠지지 않는 메뉴로 여기에 대부분 커피, 혹은 우유와 차를 곁들인다.

저녁 식사 역시 간단하다. 각종 잡곡을 넣은 빵이나 검은 빵을 먹는데 이 빵에 소시지, 햄, 치즈 등을 곁들여 먹기 때문에 찬 음식kaltes essen을 먹는다고도 표현한다. 대개 맥주를 곁들이거나 차를 마신다.

또한, 독일인들은 점심에 비중을 두는데 주로 불에 조리한 음식을 먹기 때문에 점심 식사를 따뜻한 음식warm essen이라고도 한다. 수프를 비롯한 육류 요리, 감자, 채소 등으로 푸짐한 식사가 구성된다.

(4) 보수적인 성향으로 전통적인 식문화를 고수한다.

독일인들의 외식은 거의 주점에서 이루어지는데 독일인의 약 78%가 주점에 가는 것을 가장 즐거운 여가활동으로 꼽을 정도다. 그러나 이들은 주점이라고 해서 우리나라처럼 폭음을 하는 것이 아니라 간단하게 한두 잔 즐기는 정도이며, 특히 온 가족이 함께 음식과 맥주를 마시기 때문에 가족들의 공간으로 확고히 자리 잡았다.

4) 대표적인 음식

(1) 아이스바인eisbein

독일을 대표하는 음식 중 하나인 아이스바인eisbein은 독일식 족발 요리이다. 독일의 보존식품 중 하나로, 소금에 절인 돼지 뒷다리 고기를 맥주에 푹 삶아 향신료를 약간 첨가한 후 차게 해 뼈째로 얇게 썰어서 낸다. 맥주에 삶으면 돼지고기 특유의 누린내가 없어지고 육질은 더 부드러워진다. 학세haxe란 돼지나 소의 발목 위쪽을 이용하여 만든 요리로 사우어크라우트, 맥주와 함께 먹는다.

(2) 사우어크라우트sauerkraut

감자나 소시지 외에 유명한 독일 음식인 사우어크라우트는 샐러드 대용으로 양배추를 채로 썰어서 발효시킨 다음, 캐러웨이 같은 향신료를 섞은 것으로 약간 시큼한 맛이 난다. 우리나라에는 김치가, 일본에는 아사즈케가, 인도에는 마살라가, 태국에는 남플라가 있다면 독일에 사우어크라우트가 있다.

(3) 아인토프eintopf

채소, 콩, 감자, 고기 부스러기 등을 냄비에 넣고 끓인 아인토프라는 죽도 대중 음식으로 많이 먹는다.

1 | 2
3

1. 슈바인스학세
2. 사우어크라우트
3. 아인토프

(4) 독일의 대표적인 음료와 맥주

프랑스와 이탈리아에서 와인을 빼놓을 수 없듯이, 독일에서는 맥주를 빼놓고 얘기할 수 없다. 그들에게 있어 맥주는 술이 아닌 음료수처럼 남녀노소 가리지 않고 마시는데 유럽의 여러 나라처럼 독일도 물이 좋지 않아 맥주를 많이 마신다고 한다.

독일 뮌헨에서는 10월 축제oktoberfest가 개최된다. 독일의 가장 유명한 축제인 옥토버페스트는 1810년에 막스 요제프 왕이 황태자인 루트비히와 작센 출신의 테레지아 공주의 결혼을 축하하기 위해 마련한 축제였으며 전 세계적으로 규모가 가장 크다.

(5) 1천 5백여 종의 다양한 소시지

독일 소시지는 수를 셀 수 없을 정도로 종류가 많은데, 대략 1,500여 가지로 추정되며 지역마다 독특한 특징을 가진 소시지가 있다. 소시지는 독일어로 부르스트wrust라 하는데 대표적인 것은 돼지의 붉은 고기에 파슬리나 향신료를 넣은 프랑크푸르트frankfurter가 있다. 또 석쇠에 구운 브라트부르스트bratwrust(구운 흰 소시지)와 삶은 소시지인 보크부르스트bockwrust(붉은색의 쇠고기 소시지), 그리고 커리가루를 뿌린 커리부르스트curry-wurst 등이 유명하다.

CHAPTER 09

남유럽의 음식문화

1. 이탈리아의 음식문화
2. 스페인의 음식문화
3. 포르투갈의 음식문화

유럽 대륙에서 지중해에 돌출한 이베리아·이탈리아·발칸 등 세 반도 안의 나라들로 구성되어 있다. 날씨가 맑고 햇볕이 따가운 지중해식 기후의 영향을 받는 것이 이 지역의 공통점이다. 겨울에 약간의 비가 내릴 뿐 건조한 날씨가 이어지므로, 밭농사보다는 과수 농업과 원예업이 성하다. 지형적으로는 알프스 산지를 비롯하여 험준한 산지가 해안까지 뻗어 있어서 평지가 적다. 문화는 일찍부터 발달하여, 그리스·로마 시대와 에스파냐·포르투갈의 전성기에는 문화·정치·경제면에서 세계적 지위를 차지했던 나라들이 많다.

1. 이탈리아의 음식문화

1) 자연적 환경

이탈리아는 장화 모양의 반도와 시칠리아, 사르데냐 두 섬으로 구성된 나라로 북쪽으로 프랑스, 스위스, 오스트리아와 접하고 있으며 지중해 중앙에 위치하여 유럽의 여러 나라 중에서도 지중해 지역의 특성을 가장 잘 보여주고 있다. 북부에는 산과 지중해와 평원이 있어 낙농 제품의 생산이 많고 요리에 버터를 주로 사용하며 남부는 밀가루를 이용한 파스타가 발달했으며 올리브와 토마토의 생산량이 많다.

2) 사회적 환경

국토 면적은 30만 1,340 km^2로 한반도의 약 1.4배이며, 종교는 가톨릭의 본산으로 이탈리아 전체 인구의 약 90%가 로마 가톨릭을 믿는다. 공식 언어로 이탈리아어를 사용하지만, 북부에는 프랑스어나 독일어를 사용하기도 한다.

3) 음식문화 특징

(1) 이탈리아 음식의 대표, 파스타

파스타pasta는 물과 듀럼 세몰리나를 사용하여 만든 이탈리아의 면과 이를 이용한 음식 전반을 일컫는 말이다. 파스타용 밀가루는 일반 밀보다 글루텐 함량이 높은 듀럼 종을 사용한다. 파스타는 여러 가지 모양을 띠며 소스와 함께 먹게 되므로 소스가 잘 묻는 모양이 선호된다. 반죽에 시금치, 당근, 달걀 노른자, 오징어 먹물 등으로 색을 내는 경우도 있다.

(2) 해산물의 다양한 조리

바다와 접해있는 지형이므로 해산물을 이용하는 요리가 발달되어 있다. 오징어, 새우, 각종 패류들을 다양하게 이용하며 튀김옷을 입혀 즉석에서 기름에 튀겨 먹기도 한다.

(3) 건강을 지키는 올리브

올리브는 이탈리아를 비롯한 지중해 유역의 요리에서 많이 쓰이며 이들의 음식문화에서 매우 중요한 역할을 한다. 생 올리브는 특유의 쓴맛이 있지만, 일정 기간 물이나 소금물 혹은 알칼리 용액에 절이면 쓴맛이 사라지고, 고유의 풍미가 살아나며 질감도 부드러워진다. 올리브오일로 더 잘 알려졌지만, 올리브만으로도 전채요리나 곁들임 요리가 되며, 샐러드, 파스타, 피자 등에 넣기도 한다. 올리브오일은 전체 열량의 80~85%가 지방이지만 대부분이 몸에 좋은 불포화지방산으로, 항산화와 항염 성분이 풍부해 세계적인 건강식품으로 인정받고 있다.

알아두기

발사믹 식초

'발사믹balsamic'은 이탈리아말로 '향기가 좋다'는 의미로 향이 좋고 깊은 맛을 지닌 최고급 포도식초를 말한다. 발사믹 식초는 단맛이 강한 포도즙을 나무통에 넣고 목질이 다른 통에 여러 번 옮겨 담아 숙성시킨 포도주 식초의 일종이다.

발사믹 식초는 숙성 기간이 길면 길수록 향기와 풍미가 좋아지는데, 12년 정도 장기간에 걸쳐 숙성시키면 강렬하고 농축된 맛을 낸다. 이 중 12년에서 25년 숙성된 것은 'tradizionale'이라고 한다. 레드 발사믹 식초는 떫은맛이 있으며 깊은 맛을 내 드레싱이나 조림용 소스로 사용하고, 화이트 발사믹 식초는 산뜻한 맛이 강하고 깔끔하며 가벼워 마리네(절임)의 재료로 주로 이용되고 생선 요리에 어울린다. 일반적으로 발사믹 식초는 샐러드드레싱, 생선, 육류 요리용으로도 많이 사용되며, 올리브유와 발사믹 식초를 3:1 비율로 섞어 빵에 찍어 먹어도 맛이 좋다.

4) 대표적인 음식

(1) 파스타 요리

모든 파스타 요리는 파스타와 소스로 구성된다.

① **소스**

- **볼로냐식 소스** : 고기와 양송이, 양파를 다져 넣고 볶다가 토마토를 넣어 만든 붉은색 소스
- **까르보나라 소스** : 베이컨과 생크림을 이용하여 만든 흰색 소스
- **봉골레 소스** : 조개와 마늘을 주재료로 하는 담백한 나폴리식 소스
- **해물 소스** : 홍합, 오징어, 새우 등을 주재료로 해산물과 토마토를 넣은 소스
- **아리오 에오리오 페페론치노 소스** : 마늘과 고추 올리브유만을 쓴 매콤한 소스

② **스파게티**spaghetti

얇고 긴 국수 형태의 파스타이다.

③ **라자냐**lasagna

판형으로 넓고 얇게 민 것을 라자냐라고 한다. 라자냐와 소스, 치즈를 켜켜이 놓고 오븐에서 구워내는 음식에 쓰이는 파스타로 역시 들어가는 소스의 종류에 따라 미트 소스의 라자냐, 참치 소스의 라자냐 등으로 불린다.

④ **라비올리**ravioli(속을 채운 파스타)

판형의 파스타 사이에 치즈나 간 고기, 새우, 채소 등을 넣어 만든 파스타로 북부지방에서는 대개 건조하지 않은 생파스타로 만들어 먹는다. 모양이나 만드는 방법이 매우 다양하며 소스를 곁들여 먹는다.

1 | 2 | 3

1. 스파게티
2. 라자냐
3. 라비올리

(2) 피자

토핑과 도우로 이루어지는데 토핑의 재료에 따라 분류하며 나폴리에서 발달한 음식이다.

① 도우

피자 반죽을 가능한 얇게 구우며, 바삭바삭한 질감을 선호한다.

② 토핑

토마토소스와 치즈, 살라미(페퍼로니), 앤쵸비(기름에 절인 멸치), 그리고 여러 가지 채소(가지, 피망, 블랙 올리브)나 해물(연어나 조개, 홍합 등) 등을 얹으며 도우보다 토핑 재료가 많은 편이다. 이탈리아식 피자의 토핑은 미국식보다 맛이 담백하다.

(3) 리조또risotto

농업이 발달한 북부 이탈리아에서 발달한 쌀 요리로서 기름에 쌀과 채소 등을 넣어 볶다가 포도주로 향을 내고 육수를 넣어 익히므로 많은 재료가 어우러진 맛을 낸다.

(4) 피렌체의 해물 샐러드

삶아낸 파스타 위에 새우, 홍합, 오징어, 아스파라거스, 토마토, 마늘, 올리브 오일, 파슬리, 바질 등을 올리브 오일에 볶아 올려놓은 해산물 샐러드이다.

(5) 베네치아의 해산물 수프

올리브 오일과 마늘, 고춧가루를 넣고 해산물(조개, 새우, 홍합, 각종 생선 등)을 볶아 백포도주를 넣어 조린 후, 생선 육수와 토마토로 국물을 만드는 음식으로, 바질로 향을 내고 밀가루로 수프의 농도를 맞춘다.

(6) 커피, 에스프레소와 카푸치노

진하게 볶아서 간 커피를 다량 넣고 끓는 물의 증기를 고압으로 만들어 추출하는 커피로서 매우 진한 맛을 내는데 대개는 설탕만 넣어 먹는다. 적은 양을 먹게 되므로 에스프레소 잔으로 작은 잔이 따로 제작되어 나오며, 갓 받아낸 에스프레소 커피의 표면에는 미세한 거품 층이 생긴다. 우유를 거품 내가며 뜨겁게 덥혀서 커피에 넣어 먹는 것은 카푸치노이다.

(7) 프로슈토

이탈리아의 북쪽 지방인 Parma 지방에서 생산되는 prosciutto 햄이다. 특히 밤과 유장을 먹여 사육한 파르마 지방의 돼지는 최상의 육질을 가지고 있다. 양념해서 소금 처리를 한 다음 공기 중에서 숙성시키며 훈제는 하지 않는다. 파르마 햄은 주로 얇게 썰어 애피타이저로 제공된다.

2. 스페인의 음식문화

1) 자연적 환경

스페인의 정식 국명은 스페인 왕국Kingdom of Spain으로 스페인어로는 에스파냐 왕국Reino de Espana이다. 유럽의 서쪽 이베리아 반도에 있으며, 국토 총 면적은 505,370 km^2로 한반도의 약 두 배이다. 전 국토의 ⅔가 해발 600~1,000 m의 고원지대이며 사방을 큰 산맥이 둘러싸고 그 사이로 큰 강들이 흐르고 있다. 고원지대는 대륙성 기후로 건조하고 기온 차가 크며 북부는 해양성 기후이고 동부와 남부는 지중해성 기후이다.

2) 사회적 환경

대다수의 라틴족 외에 원주민인 이베리아인, 로마인, 게르만인, 아랍인 등 다양한 혼혈 민족으로 구성되어 있으며, 90% 이상이 가톨릭을 믿는다. 공용어인 스페인어는 멕시코, 중앙아메리카, 필리핀을 비롯한 여러 나라에서 3억 명이 넘는 인구가 사용하고 있고 북부의 갈라시아어, 동부의 카탈루니아어도 사용한다. 포르투갈과 더불어 유럽의 가장 남쪽에 있으나 지리적 여건과 풍부한 광물 자원을 가지고 있는 경제적 가치 때문에 외적의 침입이 많았고 다양한 문화가 공존하게 되었다.

3) 음식문화 특징

(1) 동서양의 음식 조화

스페인에서 많이 사용하는 음식 재료는 오렌지, 올리브, 마늘, 토마토 등이다. 스페인의 음식문화는 스페인 원주민 음식문화에 로마인과 아랍인들의 음식문화가 가미되어 지속되어 왔다. 동양에서는 각종 향신료와 쌀이, 아랍으로부터

는 오렌지, 레몬, 샤프란, 후추, 설탕 등이, 아프리카에서는 폴렌타 등이 유입되었다.

(2) 다량의 향신료 사용

스페인 음식은 맛과 향이 강하여 매콤 달콤하고 자극적인 향신료를 많이 사용하는데, 특히 스페인 사람들은 마늘을 매우 좋아하여 각종 요리에 사용한다. 빵, 마늘, 올리브 오일, 피망만으로 만든 마늘 수프의 맛이 훌륭하다.

(3) 달고 색이 진한 포도주 생산

지중해성 기후로 연중 따뜻하고 강수량이 적당한 스페인의 남부와 북쪽의 리오하 지방은 포도 재배에 최상의 조건을 갖춘 포도주 산지로 손꼽힌다.

(4) 올리브 오일의 사용

전 세계적으로 올리브를 가장 많이 생산하고 올리브 오일이 요리에 다양하게 사용된다. 샐러드유는 물론 수프, 채소나 해산물의 절임용으로도 이용된다. 스페인은 각기 다른 산성도, 향, 색채, 맛으로 60여 종의 올리브유를 생산하고 있는데, 모든 메뉴에 올리브 오일을 포함해 풍성한 식탁을 차리는 것이 스페인 사람들의 식습관이다.

(5) 풍부한 낙농 제품

우유 외에 양젖, 염소젖으로 만들어지는 요구르트, 쿠아하다, 치즈 등을 많이 먹는다.

(6) 요리에 콩을 많이 사용

생콩부터 말린 콩까지 수프나 스튜에 맛을 내기 위해 많이 사용한다.

(7) 1일 5식의 식사문화

스페인은 일반 가정에서의 아침식사 시간은 오전 7시 30분~9시 사이로 한국과 그다지 차이가 없지만, 점심식사 시간은 오후 2~4시로 매우 늦은 편이다. 또 저녁식사 시간은 오후 9~11시 사이로 보통 한국인이라면 잘 시간에 식사하는 것이 특이하다. 이는 시에스타siesta란 낮잠 시간 때문인데, 점심을 먹고 난 후 시에스타를 즐기고 다시 오후의 일과에 들어가면 일을 마칠 시간이 오후 8시가 되기 때문이다. 이 시에스타는 스페인뿐 아니라 그리스 등지의 지중해의 더운 나라에서는 오래된 풍습으로 오후의 더운 날씨에 잠시 휴식을 취하는 데서 생겨났다.

4) 대표적인 음식

(1) 하몽jamon

스페인식 돼지고기 햄인 하몽은 소금에 절여 건조했기 때문에 시간이 지나도 맛이 변하지 않고, 천장에 걸어두고 먹을 수 있는 특징이 있다.

(2) 타파스tapas

스페인 사람들은 아침, 점심, 저녁 식사에 간식 두 번까지 다섯 끼를 먹는데 점심과 저녁 후에 먹는 대표적인 음식이 바로 타파스이다. 원래 유리잔에 음료수나 술을 채운 후 벌레로부터 음료수를 보호하기 위해 빵 한 조각을 올려놓던 것이 그 기원인데 현재는 작은 접시에 소시지, 샐러드, 절인 생선, 치즈 등 셀 수 없이 다양한 재료와 종류들로 만든 작고 간단한 요리들을 말한다.

(3) 빠에야seafood paella

농업이 발달한 북부 이탈리아에서 발달한 쌀 요리로서 기름에 쌀과 채소 등을 넣어 볶다가 포도주로 향을 내고 육수를 넣어 익히므로 많은 재료가 어우러진 맛을 낸다.

스페인은 삼면이 바다로 둘러싸여 있어 싱싱하고 감칠맛 나는 해산물 요리를 맛볼 수 있는데 세계에서 가장 비싼 향신료 샤프란을 넣어 노란 색깔의 해산물 볶음밥 빠에야가 있다.

(4) 가스파쵸gaspacho

가스파쵸는 차가운 토마토 수프, 토마토퓌레와 피망, 양파, 오이 등을 갈아 넣어서 만든 수프로 안달루시아 지역에서 발달했다. 시원하고 조리하지 않은 생 채소라서 몸에 빠르게 흡수되어 원기를 회복시키는 점으로 인기를 얻고 있다.

1. 하몽
2. 빠에야
3. 가스파쵸

(5) 해안지역의 요리

해안지역 요리는 내륙지방과 다른 면을 보이며 말라가Malaga 지역에서는 섞어서 볶은 물고기pescaito frito와 간을 맞춘 물고기가 있고, 숭어, 오징어 등은 불에 구워서 요리한다.

3. 포르투갈의 음식문화

1) 자연적 환경

유럽 이베리아 반도의 서부 대서양에 면한 나라로 해안선이 긴 지형이며 식민지가 많았던 대제국이어서 다양한 나라의 식문화가 나타난다. 기후는 테주강을 경계로 산이 많고 다우 지역인 북부 포르투갈과, 지대가 낮고 건조한 남부 포르투갈로 나뉜다. 농지가 국토의 38%를 차지하며 올리브, 포도, 밀, 옥수수, 쌀 등이 주요 농산물이다. 수산업도 발달하여 수산물 생산량과 소비량이 많은 나라이다.

2) 사회적 환경

포르투갈인은 지중해 인종에 속하며 종족 구성은 이베리아족, 켈트족, 로마족, 게르만족, 무어족 등이다. 언어는 포르투갈어가 사용되며, 종교는 인구의 9 4% 이상이 가톨릭교를 믿는다.

산업은 유럽 국가 중 비교적 낙후된 상태로서 농업이 주이고, 주요 농산물은 옥수수·밀·포도·올리브 등이다. 이들은 음식문화를 아메리카에 전파하여 큰 영향을 주었다.

포르투갈어가 공용어로 쓰이고 있으며, 문맹률은 그리스와 함께 유럽에서 매우 높은 수준이다. 로마로부터 밀, 양파, 포도주를, 아랍에서 쌀, 아몬드, 레몬, 오렌지를, 동양에서 여러 가지 향신료를 받아 들여 사용하였다.

3) 음식문화 특징

(1) 수분이 많은 음식을 선호

포르투갈 사람들은 제일 푸짐하게 먹는 저녁 식사의 첫 코스를 수프로 시작한다. 양배추의 일종인 코브갈레가가 가장 흔히 사용되는 수프의 재료이고, 이 외에도 감자, 양파, 토마토, 해산물을 사용한다.

(2) 강한 향신료 사용

후추, 정향, 계피, 너트머그, 생강 등 강한 향신료를 육류부터 과자에까지 폭넓게 사용한다.

(3) 해산물 요리 발달

바다와 접하는 면이 많아 해산물 요리가 매우 발달하여 대구나 정어리를 사용한 요리가 많다. 특히 대구의 소비량이 많고 조리법도 다양하다.

(4) 채소 요리 발달

포르투갈 사람들은 요리에 채소의 사용이 많으며 토마토, 양배추, 양파 등을 감자와 함께 조리하고 강한 향신료나 양념을 자주 사용한다.

4) 대표적인 음식

(1) 칼두 베르데caldo verde

채소를 재배하는 면적이 넓지 않아 채소의 종류가 그리 다양하지는 않으며, 양배추를 가장 많이 사용하고, 그 외에 감자, 양파, 마늘, 토마토 및 해산물을 부재료로 한다. 수프 역시 그 종류가 다양한데, 대표적인 것으로 칼두 베르데가 있다. 칼두 베르데는 포르투갈 북부 미뉴Minho 지방에서 유래된 수프인데 그 맛이 아주 담백하다. 칼두 베르데는 이름 그대로 '초록색 수프(caldo는 수프, verde는 초록색)'란 뜻으로, 초록색 채소와 함께 쇼우리수chouriço(훈제 돼지고기)라는 것을 넣어 만든다.

1 | 2

1. 칼두 베르데
2. 바칼랴우

(2) 대구 요리

포르투갈에서는 대구와 정어리의 어획량이 많아 생선 요리가 발달하여 숯불에 구워 먹거나 오븐에 굽기, 튀김, 찌개, 지짐, 찜 등 다양한 조리법이 발달했다. 대구는 염장 상태로 많이 소비되는데 그중 유명한 것이 바칼랴우bacalhau이다. 이 요리는 거대한 대구를 소금에 절여서 2~3일 동안 물에 담가 소금기를 뺀 후 요리한다. 이 바칼랴우를 사용해서 1천여 가지 이상의 요리를 만들 뿐 아니라, 부활절과 크리스마스 등 명절 때 새끼 양 요리와 함께 빠지지 않고 식탁에 오르는 음식이기도 하다.

(3) 소시지

포르투갈에서는 돼지고기를 많이 먹는데 주로 소시지로 가공하여 이용한다. 쇼우리수, 링귀사, 쇼우리수 드 상그, 모르셀라스 등이 있다.

(4) 사르딘냐 아사다

대구 다음으로 많이 먹는 생선인 정어리를 석쇠에 구워 상추, 양파, 갓, 냉이 등으로 만든 샐러드와 옥수수 빵과 같이 먹는 음식이다.

(5) 덴푸라의 원조

해산물이나 채소에 밀가루 반죽을 입혀 튀긴 음식으로 포르투갈 사람들이 사순절 육식 금지 기간에 육식이 아닌 다른 음식을 먹기 위해 개발되어 포르투갈 선교사들이 일본에 전하여 토착화되었다.

CHAPTER 10

동북유럽의 음식문화

동·북유럽에는 러시아, 체코, 헝가리 등의 동유럽국가와 노르웨이, 스웨덴, 핀란드, 덴마크 같은 북유럽국가가 속해 있다. 소박한 음식문화와 한랭 건조한 기후로 농작물의 재배가 힘들어 음식문화의 발달이 지연되었다. 대서양이나 발트해 연안은 약간 따뜻하여 농업, 목축업, 수산업이 발달하였다.

1. 러시아의 음식문화

1) 자연적 환경

러시아의 면적은 약 1,710만 km^2로 아름다운 영토이면서 세계 최대 면적으로 미국, 중국의 두 배 정도 크기를 자랑한다.

대체로 툰드라 기후, 타이가 기후, 초원 기후, 저온 사막 기후 등 다양한 기후대가 나타나지만, 그 중 대륙성 기후로 한랭하고 겨울이 길며 일조량이 적다. 툰드라와 타이가 지역은 토양이 좋지 않아 농사가 어렵고, 남쪽 혼합림, 낙엽수림지대와 스텝지역에서 농·목축업이 이루어진다. 서민들이 경제적으로 어려워서 다른 유럽 국가에 비해 음식문화가 매우 소박하다.

2) 사회적 환경

약 75개의 다양한 인종으로 구성되어 있으며 전체 인구의 82%가 러시아인이며 타타르인, 우크라이나인, 추바스인이 각각 1% 이상 차지한다. 언어는 러시아어를 사용하고 대부분이 러시아 정교를 믿는다. 현재 러시아 정교는 1,000여 년 동안 러시아의 주요 종교로 러시아인의 삶에 많은 영향을 주고 있다. 오랫동안 공산주의 국가의 중심이 되어온 러시아는 20세기 말 소련이 붕괴하고 나서 민주주의 연방공화국으로 새로운 출발을 했다. 21개의 공화국과 6개의 지방, 49개의 주로 구성되며 10개의 자치주, 자치구를 갖고 있다.

3) 음식문화 특징

(1) 소박한 음식 재료의 사용

북쪽에는 음식 재료의 종류가 별로 많지 않은 편이고, 남쪽에는 과일이나 채소가 풍부하지만, 전국적으로 생 채소가 적기 때문에 양배추·토마토·감자·양파·당근·사탕무(비트)·오이 등의 저장 채소나 염장 채소를 쓰는 요리가 많다. 기후와 땅의 영향으로 러시아의 주식은 감자이며 채소가 귀하고 대신 육류를 이용한 음식들이 많다.

(2) 주식은 빵

빵은 호밀로 만든 흑빵이 유명하고, 흰 빵으로는 브로치카라는 둥근 빵이 주로 아침 식사에 쓰인다. 유제품이 풍부하여 스메타나(사워크림), 트바로크(코티지 치즈), 버터 등을 사용한 요리도 러시아 음식의 특색이라고 할 수 있다. 특히 스메타나의 경우 러시아를 상징하는 소스라고 할 정도로 많은 요리에 음식 재료로 사용하는 러시아식 전통 소스이다. 스메타나를 보르시치에 섞어 먹거나 비프 스트로게노프 등에도 가니쉬해서 맛을 낸다.

(3) 죽과 수프의 발달

귀리, 보리, 수수를 사용해서 러시아의 죽인 카사를 끓여 먹는다. 중요한 자리에서는 죽을 대접하는데 죽은 우정과 화해의 의미도 지니고 있다.

(4) 고기, 감자, 유제품의 이용

빵과 고기가 주식으로 이용되는데 특히 북부에 위치해 춥고 혹독한 자연환경 때문에 주로 지방질이 많은 고기를 선호하고 이러한 이유로 돼지고기가 쇠고기보다 훨씬 비싸기도 하다. 어류는 청어·연어·대구를 많이 식용하며, 특히 철갑상어 알은 카스피해에서 나는 것이 세계적으로 유명하다.

(5) 아이스크림, 마로제노에

일반적으로 러시아인들은 춘하추동, 남녀노소를 불문하고 마로제노에를 즐긴다. 또한, 초콜릿을 씌운 에스키모, 과일 맛의 프룩토보에 등이 있다.

4) 대표적인 음식

(1) 흑빵

호밀가루에 캐러멜을 넣고 색을 내서 구운 빵을 말한다. 호밀은 러시아의 자연환경에서 잘 자라기 때문에 러시아인들의 주식이 되었다. 묵직하게 무게가 나가는 빵으로 사워크림(스메타나)을 곁들여 먹거나, 생굴, 캐비어 등 염기가 강한 음식을 먹을 때도 버터를 바른 흑빵으로 입가심한다. 대부분의 요리와 곁들여지는 러시아의 대표 음식으로 빵과 소금은 러시아인들의 삶 속에서 손님에 대한 환대를 상징한다.

(2) 피로시키piroschki

채소나 다진 고기 등으로 속에 채워 튀긴 빵인데, 오늘날에는 대부분 달걀과 파, 감자, 양배추, 다진 고기 등을 소로 사용하지만, 원래는 월귤나무 열매와 버섯을 넣어 만들었다. 하지만 요즘은 빵 속에 넣는 재료나 빵의 모양은 지역이나 취향에 따라 각각 다르며, 주로 명절이나 주말에 집에서 만들어 먹는다. 작게 만들면 피로시키, 크게 만들면 피로기라고 부른다.

1 2

1. 피로시키
2. 블리니

(3) 블리니blini

밀가루, 달걀, 소금, 설탕, 소다, 우유, 물을 섞어 팬케이크처럼 만든 음식이다. 양배추, 고기, 버섯, 햄, 과일 등을 넣어 싸서 먹거나 스메타나나 잼, 꿀을 발라 먹기도 한다.

(4) 우하ukha

생선을 주재료로 끓인 수프로 양파, 파슬리, 양배추 등의 채소를 첨가해 만들며 쌀, 콩을 곁들여 먹기도 한다.

(5) 스메타나smetana

우유의 지방을 주성분으로 하여 만든 사워크림이다. 신맛이 나는 흰 크림으로 수프, 샐러드, 고기 요리 등 러시아의 많은 요리에 첨가되는 소스이다.

(6) 보르시치borsch

육수에 비트(사탕무), 고기, 토마토, 양파, 감자, 당근 등을 넣고 끓인 수프로 러시아의 대표적 요리의 하나이다. 비트 때문에 나타나는 붉은 색이 특징으로 여기에 스메타나를 넣으면 분홍색의 크림수프가 된다. 러시아의 일반 가정에서 자주 이 수프를 만들어 먹는다. 토마토의 신맛과 고기의 기름기가 합쳐져 걸쭉하면서 독특한 맛을 내며, 채소가 고기의 냄새를 없애주어 향미를 증가시킨다.

(7) 샤슬릭shashlik

러시아의 전통 꼬치 요리로서 양고기나 돼지고기, 쇠고기 등에 양념을 한 후 채소와 함께 끼워 불에 굽는다. 주로 축제 요리로 보드카를 곁들여 먹는다.

1 | 2
3

1. 스메타나
2. 보르시치
3. 샤슬릭

(8) 뺄메니pelmeni

시베리아에서 기원한 러시아식 물만두로 만두피가 두껍고 속은 고기로 채워져 있다. 끓는 물에 넣어 삶은 후 건져내어 스메타나(러시아 전통 소스), 또는 향신료를 뿌려 먹는다.

(9) 비프 스트로게노프beef stroganoff

잘게 썬 쇠고기를 토마토소스와 함께 끓여 만든 육류 요리로 스메타나를 곁들여 먹는다.

(10) 자쿠스카zakuska

소금에 절인 채소와 햄에 캐비어를 곁들인 요리로서, 세계 3대 음식 재료의 하나인 캐비어는 지방이 적으며 비타민, 단백질이 많고 열량이 낮은 건강식품이다. 러시아에서는 캐비어에서 기름만 뽑아 마시는 것으로 채소가 결핍되기 쉬운 추운 지방에서 비타민의 섭취를 보충한다.

(11) 보드카의 원산지

러시아의 보드카는 세계적으로 유명한 알코올 도수가 40%를 넘는 것이 대부분이며 러시아 전역에 걸쳐 가장 대중적인 술로, 러시아인 한 명이 1년에 60병 이상의 보드카를 소비한다고 한다. 예로부터 러시아 남성들은 점심 식사 전에 작은 잔에 따라 한 잔씩 마시는 습관이 있었는데 식욕을 돋우고 소화촉진에도 좋다고 한다. 세계적으로도 가장 많이 마시는 술 가운데 하나인 보드카는 칵테일의 주원료로도 사용된다.

1 2
3

1. 뺄메니
2. 비프 스트로게노프
3. 자쿠스카

2. 스칸디나비아의 음식문화

스칸디나비아 반도Scandinavian Peninsula는 유럽의 북서쪽 끝에 위치하여 발트해를 끼고 있는 반도로 북쪽의 러시아와 핀란드에서 시작해 남쪽으로 덴마크에 거의 닿는다. 스칸디나비아 반도에는 대체로 스웨덴·노르웨이·덴마크·아이슬란드를 가리키고 때에 따라 핀란드가 포함되나, 스칸디나비아 반도라고 하면 일반적으로 스웨덴과 노르웨이만을 포함한다. 북위 55~71°에 있으므로 여름에는 해가 길어 백야白夜현상을 볼 수 있으나 겨울에는 해가 뜨지 않는 곳도 있다. 한랭한 기후로 거대한 피요르드, 빙하호, 백야, 오로라 현상이 있어 매력적이다.

1) 자연적 환경

(1) 노르웨이

북유럽에 속하며 서남쪽에 북해, 북쪽으로는 북극해와 마주하고 있고 스칸디나비아 반도의 산맥 너머로는 핀란드, 스웨덴과 국경을 접하고 있으며, 북극권에 속하는 동북쪽 끝에는 러시아와도 근접해 있다. 지구상에서 인간이 사는 가장 깨끗한 청정 지역 가운데 하나로 국토 면적보다 인구 밀도가 극히 낮고 제조업이 거의 발달하여 있지 않아 천혜의 자연환경을 자랑한다. 위도상은 매우 추우나 멕시코 난류의 영향으로 겨울은 우리나라보다 약간 추운 정도이다.

(2) 스웨덴

노벨상으로 유명한 스웨덴은 스칸디나비아 반도의 동부(스칸디나비아 산맥의 동쪽), 핀란드와 노르웨이 사이에 있으며, 핀란드, 발트 3국과는 발트해를 사이에 두고 마주 보고 있다. 스웨덴의 기후는 남부와 북부의 차이가 심하다. 멕시코 만류의 영향으로 동일 위도상의 다른 지역보다 따뜻한 경향이 있지만, 위도상 북부에 위치하여 겨울이 한국에 비해 길다. 국토의 14% 정도는 북극권에 속하는 지역으로 하지를 전후로 한 달 정도는 24시간 해가 지지 않고, 동지 전후에는 24시간 해가 뜨지 않는다.

2) 사회적 환경

(1) 노르웨이

노르웨이인이 대부분이며 북부에는 사미라고 부르는 원주민이 3만 명 정도 살고 있다. 언어는 노르웨이어를 사용하고 대부분 구교인 루터교를 믿고 있다.

(2) 스웨덴

스웨덴인이 대부분이며 제 2차 세계대전 이전까지는 북부에는 사미족과 핀족이 소수를 이루었으나 현재는 터키, 이란 등에서 온 이민자들이 18%를 차지한다. 언어는 스웨덴어를 사용하고 인구의 85%가 구교인 루터교를 믿고 있다.

3) 음식문화 특징

(1) 다양한 생선 가공식품과 저장식의 발달

노르웨이해, 발트해 등으로 둘러 싸여 수산물이 풍부한 스칸디나비아 국가에서는 생선의 가공·저장식품을 즐겨 먹는다. 이 지역의 국가들은 생선을 건조하고 훈제, 염장하는 최고의 기술을 자랑하며, 겨울이 길어 생선이나 고기를 말리거나 소금에 절이는 저장기술이 발달했다.

(2) 다양한 낙농 제품의 이용

스칸디나비아인들은 음식에 우유, 버터밀크, 치즈, 크림 등을 많이 사용한다. 특히 노르웨이인들은 스뫼르고스보르드와 비슷하게 아침 뷔페를 먹는다. 이때는 훈제 또는 염장 청어, 빵 크래커, breakfast cereal, 달걀 요리, 베이컨을 곁들인 감자, 과일주스, 버터밀크, 사워밀크, 커피 등이 제공되는데 가장 중요한 것은 치즈이다.

(3) 스뫼르고스보르드

스뫼르고스보르드는 스웨덴식 뷔페이다. 18세기 말~19세기에는 스뫼르고스보르드는 주로 부유층에서만 즐겼는데, 이때 식탁 한가운데는 '아쿠아비트'라는 술이 놓여 있었기 때문에 '아쿠아비트 뷔페'라고도 불렀다. 이후 스웨덴식 뷔페는 북유럽의 스칸디나비아의 국가에서 즐기게 되었으며, 현재 스웨덴에서는 레스토랑에서만 스뫼르고스보르드를 즐길 수 있다.

(4) 아쿠아비트

스칸디나비아 인들은 알코올 도수가 높은 증류주인 아쿠아비트를 즐겨 마신다. 아쿠아비트는 'water of life', 즉 '생명의 물'이란 뜻으로, 아쿠아비트는 곡류나 감자로 만든 일종의 보드카이다. 보통은 Y자형의 글라스에 담아 얼음과 함께 차게 마신다.

4) 대표적인 음식

(1) 스뫼르고스보르드smörgåsbord

스웨덴 요리에서 뷔페 형식의 식사를 뜻하며, 흔히 휴일의 잔치에서 가족과 손님이 각자 음식을 원하는 만큼 덜어서 먹는다. 식당에서는 많은 종류의 작은 접시들을 늘어 놓은 뷔페식 요리로, 일정 금액 안에서 각자가 원하는 만큼 선택해서 먹을 수 있다.

전통적인 스웨덴의 스뫼르고스보르드는 차갑고 뜨거운 음식을 모두 다 포함된다. 관습적으로 차가운 생선 요리(청어, 연어, 장어 등의 다양한 형식의 음식)로 시작해서, 다른 차가운 음식을 먹다가, 스웨덴식 미트볼인 셰트불라르와 또 다른 스웨덴의 별식인 얀손의 유혹janssons frestelse과 같은 뜨거운 음식들을 먹는다. 후식은 치즈, 과일, 케이크 등을 먹는다.

(2) 크래커 빵Knäckebröd과 호밀 빵

크래커 빵의 재료는 통호밀가루, 소금과 물이다. 그러나 현대에는 밀가루나 향신료, 곡물, 참깨, 우유 등을 넣어 만들기도 하며, 효모 등 팽창제를 넣어 만들기도 한다. 팽창제를 쓰지 않으면 물리적인 방식으로 빵을 팽창시키는데, 전통적으로는 반죽에 눈이나 얼음 가루를 섞어서 굽는 동안 수분이 증발하며 공기구멍이 생기게 했다. 보통 200~250°C의 온도에서 몇 분간 구워낸다.

호밀 빵은 주로 북유럽이나 동유럽, 러시아, 독일 북부 등지에서 많이 먹었다. 호밀로 구운 빵은 갈색이기 때문에 일반적인 밀 빵을 흰 빵, 호밀 빵을 검은 빵이라고 부르기도 하며, 완전히 검은색인 빵도 있는데, 이는 캐러멜이나 코코아, 커피, 살미아키 같은 부재료를 넣어 착색한 것이다.

1. 크래커빵
2. 호밀빵
3. 스뫼르고스보르드

CHAPTER 11

남북아메리카의 음식문화

북아메리카는 일반적으로 미국, 캐나다가 자리 잡고 있다. 정치, 경제, 사회 등의 측면을 기준으로 할 때 북미는 미국과 캐나다, 즉 앵글로아메리카를 가리킨다. 또한, 모두 민주주의의 역사가 오래된 선진공업국으로 선진국 정상회의의 참가국으로서 정치·경제의 각 방면에서 세계에 큰 영향을 미치고 있다. 미국과 캐나다의 원주민은 열세이지만 세계 각국에서 이민 온 사람들로 이루어진 다민족 국가이다. 북아메리카 국가들의 역사는 길지 않기 때문에 음식문화에서 뚜렷한 국가적인 전통을 찾기는 힘들다. 현재는 다민족이 더불어 살면서 여러 가지 음식이 혼합된 새로운 형태의 음식이 등장하고 있다.

중·남미 아메리카는 인디오 원주민과 이들을 식민지배한 스페인, 포르투갈계 유럽인, 강제 이주하여 정착한 흑인, 무라타와 메스티소라고 하는 혼혈 등 복잡한 인종 구성을 보인다. 중·남미 아메리카는 다양한 기후대와 대자연 속에 자란 자연의 맛과 향이 나는 풍부한 음식 재료를 바탕으로 인디오 원주민의 음식문화와 유럽 음식이 혼합된 음식문화를 발전시켜 왔다.

1. 미국의 음식문화

1) 자연적 환경

콜럼버스가 신대륙을 발견한 이래로 유럽 강대국의 식민지였던 미국은 1776년 독립을 선언하고 현재 50개 주로 이루어진 연방공화국이다. 국토 면적은 한반도의 43배이며 기후는 습윤한 동부와 건조한 서부로 나누어진다. 북동부는 대륙성 기후, 남동부는 온대 및 아열대 기후, 캘리포니아 지역은 지중해성 기후 및 사막 기후이다.

2) 사회적 환경

경제, 정치, 과학 등 여러 방면에서 세계 최강국으로 방대한 국토에서 공급되는 농, 축, 수산물과 가장 진보된 식품 가공, 포장 기술, 마케팅, 유통 체계로 식생활이 풍요롭고 간편하다.

세계 각 지역에서 이주해 온 사람들로 백인 83%, 흑인 12%, 인디언과 동양계 5%로 구성되어 있다. 국민의 32%가 기독교, 22%가 천주교, 2%가 유대교를 믿으며 종교가 식생활에 미치는 영향은 그리 크지 않다.

3) 음식문화 특징

(1) 육류 위주의 식생활

육류를 다량 섭취하고 빵, 감자, 옥수수를 곁들여 먹는 식생활로 동물성 지방 섭취가 많은 편이다. 음식을 양념하지 않고 담백하게 조리하여 소스를 얹어서 먹는다.

(2) 패스트푸드

미국의 점심은 샌드위치, 핫도그, 햄버거 등으로 간단히 먹는다. 햄버거는 본래 독일 이민자들이 들여온 음식을 미국화 시킨 것으로 쇠고기를 갈아 패티를 만들어 채소, 소스 등을 곁들여 번bun에 끼워 먹는 음식이다. 핫도그 역시 1880년대 독일 이민자들에 의해 전해진 것으로 능률성과 간편성으로 오늘날 가장 미국적인 음식으로 자리 잡았다. 샌드위치는 안에 들어가는 필링의 종류에 따라 다양한 맛을 즐길 수 있는데 참치, 달걀, 햄, 닭고기, 칠면조, 쇠고기, 치즈 등이 보편적으로 들어가며 이 외에도 여러 재료가 사용된다.

(3) 민족 수만큼 다양하게 발달한 퓨전 음식

다양한 민족이 사는 만큼 다양한 민족의 음식을 맛 볼 수 있는 미국은 특히 뉴욕에서 세계 음식문화를 모두 만나볼 수 있다. 뉴욕에서 가장 많이 눈에 띄는 레스토랑인 중국 식당은 차이나타운을 중심으로 자리 잡고 있다.

(4) 팁tip 문화

미국은 고객 서비스의 개념이 가장 발달한 나라 중 하나이다. 따라서 각 레스토랑에서는 그 수준에 따른 적절한 서비스를 받게 되며 팁이라는 대가를 지급한다.

4) 대표적인 음식

(1) 스테이크steak

미국인들은 스테이크를 크게 잘라 겉만 익히고 속이 거의 익지 않은 상태로 구워 먹는다. 본인이 원하는 굽기를 알고 조리해야 맛있고 편하게 먹을 수 있다.

(2) 햄버거hamburger

미국을 대표하는 햄버거는 패스트푸드점이나 식당에서 보편적으로 먹는다. 집에서 간 쇠고기로 두툼한 햄버거용 고기 패티를 정원이나 야외 그릴에 구워 햄버거를 만들어 먹는다.

(3) 핫도그hot dog

롤빵에 소시지를 넣고 양겨자와 토마토케첩을 뿌린 후 그 위에 다진 오이피클을 얹어 먹는다. 양이 많고 육류 위주의 식사는 미국인들을 비만으로 만들었으며 비만은 미국의 심각한 사회 질병 중 하나로 요즘은 다이어트 건강식이 전반적으로 유행을 해서 어디를 가든 No(Low) Fat, Salt, Sugar라는 문구를 찾아볼 수 있는 것도 미국 음식문화의 특징이다.

(4) 미국 남부의 맛 케이준

프랑스와 신대륙의 요리법에 인디언과 스페인의 영향도 추가되면서 오늘날의 케이준 스파이스가 형성되었다.

케이준 스파이스cajun spice는 마늘, 양파, 칠리, 후추, 겨자 등을 혼합해 만들며 특유의 향과 매콤한 맛이 특징이다. 이 매콤한 맛은 우리나라 사람들의 입맛에도 잘 맞아서 현재 패밀리 레스토랑과 패스트푸드의 인기 메뉴로 자리 잡았다.

1 | 2 | 3

1. 스테이크
2. 햄버거
3. 핫도그

5) 미국 식당의 종류

(1) 패스트 푸드fast food

미국이 만든 가장 세계적인 음식인 패스트 푸드는 말 그대로 빨리 먹어야 하는 급한 사람을 위해 만들어진 간단한 조리법과 손에 들고 먹기 편리하게 가공되었다.

(2) 카페테리아cafeteria

셀프서비스 스타일의 저렴한 레스토랑으로 차가 많은 미국에서 도로의 휴게소 같은 곳에서 주로 볼 수 있다. 즉석에서 샌드위치나 햄버거, 스테이크 등을 만들어 주기도 한다.

(3) 패밀리 레스토랑family restaurant

미국의 주식인 스테이크나 씨푸드 등을 싸고 푸짐하게 먹을 수 있는 가족 레스토랑을 말한다.

(4) 디너 하우스dinner house

비교적 중가 이상의 식당에 속하며 저녁 식사 영업만 하므로 디너 하우스라고 표현된다. 미국 사람들의 저녁 식사가 대부분 스테이크이기 때문에 스테이크 하우스가 많다. 국내에서 유명한 아웃백 스테이크 하우스도 미국에서는 디너 하우스에 속한다.

2. 캐나다의 음식문화

1) 자연적 환경

북아메리카 면적의 ⅓을 차지하고 우리나라의 45배 규모이나, 북쪽에는 불모지가 많아 남서쪽의 미국 국경 근처에 전체 인구의 90%가 살고 있다. 북위 40도보다 높은 곳에 있어 아한성 대륙성 기후가 나타나는데 국토가 넓어 지역마다 기온 차가 심하다. 다양한 임산물과 농산물이 풍부하게 생산된다.

2) 사회적 환경

1867년에 세워진 연방정부로 1931년에 웨스트민스터 헌장에 의해 독립을 승인받고 1982년 캐나다 헌법 제정으로 독립을 마무리 지었다. 전체 인구의 약 50%가 영국계, 30%가 프랑스계이며 그 외에 독일, 이탈리아, 네덜란드계 인이 살고 있다. 공식 언어는 영어와 프랑스어이지만 퀘벡주는 프랑스어를 공식 언어로 사용하고 있다.

3) 식생활 특징

(1) 영국과 프랑스의 공존으로 다양하게 발달한 음식

노바스코샤와 프린스에드워드아일랜드 같은 지역은 영국, 독일의 이민자가 많아 감자 요리와 미국 요리가 발달하였다.

(2) 해산물 요리

동서로 바다가 있고 호수나 강이 많아 게, 새우, 연어, 송어 등이 풍성하다. 어패류가 풍성하고 신선하기로 유명한 벤쿠버 지방에서는 훈제 연어나 연어구이가 있고, 동해안의 섬에는 바다가재, 새우, 게로 만든 요리가 유명하다.

4) 대표적인 음식

(1) 푸틴poutine

퀘벡 주에서 처음 등장한 패스트푸드로 바삭한 감자튀김에 치즈 조각을 올리고 뜨거운 그레이비소스를 뿌려 먹는다. 다양한 종류의 토핑과 소스를 이용할 수 있다.

(2) 메이플 시럽maple syrup

봄이 되면 사탕단풍나무 수액을 끓여 끈끈한 호박색 메이플 시럽을 만든다. 농축 정도에 따라 색의 농도가 다르게 만들어지며 캐나다 요리에 다양하게 쓰인다. 열량이 설탕보다 10% 적고 단풍나무 향이 은은하여 빵에 발라 먹거나 홍차에 넣어 먹는다.

(3) 야생미

길이 1 cm, 지름 2 mm 정도의 인디언들이 먹었던 흑갈색 곡물이다. 향기가 나고 씹는 맛이 독특한 고급식품으로 육류 요리와 어울린다.

(4) 아이스와인

겨울이 길고 추운 캐나다에서는 포도를 그대로 밭에서 얼린 뒤 꽁꽁 언 상태로 수확한다. 단맛이 강하여 고품질의 달콤한 아이스와인이 만들어져 캐나다 특산품으로 알려져 있다.

1 | 2
3

1. 푸틴
2. 메이플 시럽
3. 아이스와인 포도

3. 멕시코의 음식문화

1) 자연적 환경

멕시코는 한반도의 약 9배(1,958,201 km^2) 면적의 땅에 1억 명에 달하는 인구가 살고 있다. 그중 ⅔가 도시지역에 거주하는데 특히 수도인 멕시코시티에는 2천만 명이 거주하고 있어 세계에서 인구 밀도가 가장 높은 도시로 알려져 있다. 크게 스페인인과 중남미 인디언 혼혈인 메스티소, 그리고 원주민(인디헤나)으로 구분되며 이외에 흑인, 유럽계 이민족 등으로 구성되어 있다.

지리적으로 북반구, 적도의 바로 위쪽에 자리 잡은 멕시코는 지형에 따라 다양한 기후를 나타내는데 전반적으로 11~5월 중순까지는 건기, 5월 말~10월 말까지는 우기이다. 특히 6~9월 사이에는 무더위와 많은 비가 내리는 열대기후로, 밀림이 형성되기에 알맞은 조건이다. 또 내륙의 고원지대는 건조해서 사람이 거주하기에 적합하지 않은 기후를 보인다. 남부 및 동부의 유카탄 반도는 열대성의 고온다습한 기후로 인구 대부분은 이곳에 거주하고 있다.

2) 사회적 환경

멕시코는 인종의 70%가 메스티소이며 인디헤나, 흑인 유럽계 이민자로 구성되어 있고 스페인어를 공용어로 사용하고 있다. 멕시코 마야·아즈테크·톨테크 문명 등 아메리칸 인디오의 찬란한 토착 문명을 지니고 있으며, 에스파냐 식민 통치를 통해 서구 문명이 유입되어 혼합 문명이 형성되어 있다. 현재는 미국의 영향으로 점차 미국화 되고 있으며, 국민의식 저변에 미국에 대한 경계심이 깔려 있기는 하나 미국과 유사한 사회로 변모되고 있다. 국민성은 정열적이고 친절하고 낙천적이다.

3) 식생활 특징

(1) 원주민의 음식과 유럽 음식의 접목

멕시코는 스페인이 들어오기 훨씬 이전인 올멕 문명으로부터 마야, 아즈텍에 이르는 독자적인 중남미의 고대문명 속에서 의·식·주 문화가 뿌리 깊게 자리 잡고 있다. 그중에서도 멕시코의 음식문화는 마야, 아즈텍 문명에 그 뿌리를 내린 독특함으로 오늘날 세계인의 사랑을 받고 있다.

멕시코에서 선보이는 음식은 콜럼버스가 신대륙을 발견하기 이전부터 발달했던 원주민들의 토착 문화와 스페인 정복기에 들어온 스페인의 음식문화, 또 스페인으로부터 해방된 후 프랑스 음식 등이 어우러져 탄생하였다.

(2) 유럽의 음식 재료가 유입된 후 식문화의 다양화

멕시코는 옥수수, 카카오, 고추, 감자, 고구마, 토마토, 아보카도, 치클레(껌의 원료가 되는 나무), 선인장 등의 원산지로서 세계의 음식문화에 끼친 영향이 지대하다. 토양이 옥수수 재배에 적합하여 대규모 생산이 가능했기 때문인데 기원전 7,000경부터 옥수수를 재배한 것으로 알려졌다. 16세기 이후 유럽으로부터 유제품, 쇠고기, 닭고기, 밀, 양파 등이 들어오며 옥수수 등 곡물과 채소 중심의 요리에서 육류의 사용이 다채로워졌고, 밀의 경작으로 인해 빵이 옥수수와 함께 주식으로 사용되기 시작하였으며 특히 식용유의 등장과 튀김 조리법의 도입은 획기적인 변화를 가져왔다.

(3) 자극적이고 매콤한 맛과 향신료

옥수수와 함께 멕시코 요리를 말할 때 빼놓을 수 없는 것이 바로 고추인데, 입 안이 얼얼할 정도의 작고 빨간 것에서부터 별로 맵지 않은 피망에 이르기까지 약 200여 종의 다양한 고추가 있다. 각종 소스를 만드는 데 쓰이는 고추는 요리의 재료로도 매우 중요하게 사용된다. 실란트로, 오레가노, 큐민이라는 향신료도 사용한다.

(4) 술

① 데킬라

10년생 이상의 아가베(용설란)를 3년 이상 발효시켜 만든 멕시코의 국가적인 술이며 데킬라는 레몬, 소금과 함께 마시는데 이것들이 알코올을 중화시키는 역할을 한다고 한다.

② 폴케

마야족이나 아즈텍족들은 풀케라는 술을 즐겼는데 이는 용설란의 일종인 마게이라는 선인장에 구멍을 뚫어 액체를 받아서 하루 정도 두면 자연 발효되어 술이 된다.

③ 맥주

멕시코 인들은 맥주를 즐겨 마셔 그 종류만도 수십 종이다. 코로나는 마개를 딴 후 얇은 레몬 조각을 넣어 마시는 것으로 상큼한 레몬 향이 곁들여진 부드러운 맛이 특징이다. 보헤미아Bohemia는 독일 뮌헨의 세계 맥주 경연대회에서 우승할 정도로 맛과 향이 좋다.

④ 오르차타

전통 음료로는 과일음료를 들 수 있는데, 투나(선인장 열매)나 망고와 같은 열대과일들을 갈아서 설탕을 가미하거나 하마이카 라는 꽃을 갈아 만들거나 쌀을 불려서 갈아 만든다.

4) 대표적인 음식

(1) 토르띠야tortilla

옥수수나 밀로 만든 토르띠야가 주식으로, 타코, 타코 샐러드, 나초, 엔칠라다, 퀘사디아, 부리토, 파히타 등을 만들어 먹는다. 토르띠야는 물에 불린 옥수수를 잘 으깨어 만든 마사를 동그랗게 전병 모양으로 만들어 쟁반 모양의 도자기에 얇게 늘려 구운 것이다.

1. 토르띠야
2. 타코
3. 과카몰레 소스

(2) 코요타koyota

코요타는 참깨 반죽에 흑설탕, 꿀을 넣고 오븐에서 구워낸 멕시코 식 호떡이다.

(3) 음식의 맛을 더해주는 소스

① 살사 멕시카나

소스는 양파, 토마토, 고추와 독특한 냄새가 나는 실란트로 등을 잘게 다져서 소금과 올리브유를 넣어 만들며 매운맛이 난다.

② 몰레 소스

'몰레'란 '갈다', '방아를 찍다'라는 뜻으로 고추, 초콜릿, 참깨, 아몬드, 건포도, 후추, 계피, 마늘, 양파, 토마토 등을 갈아 익혀서 만든다. 이 소스는 칠면조나 닭고기에 얹어 먹는다.

③ 과카몰레 소스

멕시코에서 우리나라의 인삼처럼 여겨지는 아보카도를 갈아서 토마토, 양파, 풋고추 등과 혼합한 초록색의 생 소스이다. 고기 요리와 잘 어울린다.

④ 사워크림 소스

샤워 크림으로 만들며 새콤한 맛이 입맛을 개운하게 해 준다.

4. 브라질의 음식문화

1) 자연적 환경

축구와 삼바, 정열의 나라 브라질은 총면적이 8백 51만 km^2로 세계에서 다섯 번째로 큰 나라이다. 남반구에 속해 있어 우리와는 계절이 반대로 겨울이 5~8월(건기), 여름이 11~3월(우기)이지만, 적도 가까이에 위치해 북부는 열대, 중부는 아열대, 남부는 온대기후이며 연평균 기온이 23~24℃로 사계절 구분이 뚜렷하지 않다. 국토의 40% 정도가 아마존 강 유역의 정글을 이루고 있는 브라질은 중앙부의 고원은 비교적 비가 적은 사바나 기후이고, 북동부는 건조기후이며, 국민은 대부분 몬순기후로 살기 좋은 대서양 만과 접한 동남부 해안가에 모여 살고 있다. 넓은 땅과 따뜻한 기후를 가진 브라질은 전혀 농사를 지을 수 없는 아마존 열대우림과 사막과 같은 땅이 있기는 하지만 전형적인 농업국이다. 브라질의 대표적인 농작물로는 커피(세계 1위), 사탕수수(세계 2위), 카카오(세계 3위), 쌀 등이 있다.

2) 사회적 환경

브라질의 토착민은 인디오들이며, 16세기 초에 유럽 열강에 의해 발견되어 지배받은 이후 1822년 독립하기까지 브라질은 포르투갈의 지배를 받았다. 한편 사탕수수 경작이 발달하던 16세기에 절정에 달했던 흑인 노예들이 아프리카에서 들어왔으며, 본국인 포르투갈 외에도 이탈리아, 독일, 시리아 등지에서 이민자들이 들어왔고 현대에는 아시아에서 농업 이민자가 많아 다민족 국가를 이루었다. 종교 면에서는 가톨릭이 70%이며 18%가 기독교, 그리고 나머지가 아프리카 흑인들의 유입으로 전해 오고 있는 토속신앙이 북동부 지방을 중심으로 퍼져 있다.

브라질의 인디오 원주민은 마니오카manioca, 옥수수, 감자, 열대과일, 아마존 강에서 잡히는 생선을 이용하였고, 유럽 사람들이 이주하면서 유럽의 음식문화가 원주민의 음식문화와 혼합되었다.

3) 식생활 특징

(1) 인디오·유럽·아프리카의 혼합

음식문화도 다민족 국가답게 여러 민족 고유의 음식문화가 융합되어 있다. 인디오의 음식은 주로 북부 및 북동부 지역에서 발달했다. 인구의 절반 이상을 차지하고 있는 백인들의 음식문화는 가장 일반적인 브라질 요리로 자리 잡았으며, 초반에 가장 많이 건너온 유럽인은 포르투갈 인이므로 포르투갈 요리의 영향을 많이 받았다. 대표적인 것으로 대구 요리를 들 수 있는데 포르투갈 인들이 많이 사는 상파울루나 리우데자네이루에서는 해산물인 대구 요리와 달걀, 감자 요리가 유명하다.

16세기, 사탕수수밭 노동력을 충당하기 위해 아프리카의 세네갈, 가봉, 모잠비크 등지에서 데려온 흑인들은 현재 인구의 6%를 차지하며 브라질 음식문화의 한 부분을 형성했다. 흑인 음식의 가장 큰 특징은 소금과 마늘이다. 주로 땡볕 아래서 땀을 흘리며 일을 했던 흑인들에게 소금은 더운 지역에서 힘든 일을 할 때 땀을 흘리게 되므로 염분을 보충하는 데 필요했고, 마늘은 열병을 막아주는 역할을 한다고 믿었기 때문에 많이 사용되었다. 흑인들이 아프리카에서 직접 가져온 식물인 덴데dende는 야자수의 일종으로 그 열매에서 기름을 짜서 음식을 튀길 때 사용한다. 덴데유는 풍부한 지방분을 함유하고 있어 노동을 많이 하는 아프리카에서 온 노예들에게는 매우 귀중한 식품이었다.

(2) 지역과 기후에 따라 특색 있는 지방의 음식문화

땅이 넓고 다민족 국가인 브라질은 지역과 기후, 민족에 따라 다양한 음식문화가 발달했다. 북부 지방과 남부 지방의 요리가 특히 대조적인데, 북부 지역은 주로 원주민이나 흑인들의 영향을 받아 비교적 남미 토속문화를 지닌 반면, 남부 지역은 이탈리아인들이 많은 지역에는 파스타 같은 음식이 정착되었으며, 독일인들이 많은 지역에서는 독일 문화를 반영한 낙농업의 영향으로 버터나 치즈 같은 음식이 발달했다.

브라질인들의 식생활을 살펴보면 아침식사인 카페 다 마냥은 빵과 커피·주스에 각종 과일 등으로 가볍게 하고, 점심인 알 모소나 저녁인 잔 타르에 비중을 둔다. 점심에 비중을 두는 것은 포르투갈의 오랜 지배의 영향이며, 저녁에 비중을 두는 것은 세계적인 추세로 점차 늘고 있다. 더운 나라인 브라질 음식은 일반적으로 짜기 때문에 취향에 맞지 않는다면 소금을 넣지 않은 음식을 미리 주문해야 한다.

(3) 인디오들의 음식문화

브라질의 토착민인 인디오들이 현재 브라질에서 차지하는 비중은 사실상 전혀 없는 편으로 현재 약 20~30만 명 정도가 생존해 있다고 알려져 있다. 식생활에 있어서 인디오들은 주로 사냥과 채집으로 식량을 조달했으며 농업 활동은 거의 없었다. 이들의 주식은 육류와 넝쿨 식물의 일종인 마니오까mandioca와 옥수수죽canjica이나 옥수수를 뭉쳐 만든 빠몽냐pamonha 등 이었다. 또 이들은 매운 고추를 선호해 매운 음식을 즐겨 먹었다.

① 마니오카manioc

'브라질의 여왕'으로 불리는 마니오카는 인디오들이 주식으로 이용하며, 감자와 비슷하다. 마니오카의 뿌리에서 얻은 녹말을 '마니오카 녹말manioca flour'이라고 하는데 빵이나 음료에 이용한다.

② 덴데유dende oil, red palm oil

브라질에서는 아프리카에서 건너온 덴데dende 기름을 많이 이용한다. 흑인들은 브라질 이주 당시 야자수의 일종인 '덴데'라는 식물을 가지고 와서 음식에 이용하였는데, 오렌지 빛깔을 띤 이 기름은 아무 맛이 없지만 끓이면 독특한 향미가 난다.

③ **투쿠피**tucupi

마니오카 즙은 하루 정도 끓이면 노란색의 투쿠피가 되며 거의 모든 인디오 음식에 사용되어, 재래시장에서는 우리나라의 기름처럼 병에 담아서 판매하고 있다.

④ **야자나무 심**heart of palm

야자나무 심은 떡가래 모양으로 흰색이며 씹는 맛이 죽순과 비슷하며 샐러드에 이용한다.

⑤ **카챠카**cachaca

카챠카는 브라질인들이 가장 즐기는 술로서 사탕수수로 만들며 바비큐, 마리네이드, 고추를 절일 때 사용하고 있다.

⑥ **코코넛 밀크**coconut milk

야자나무의 열매인 코코넛에서 짜낸 즙으로 흑인들의 음식에 많이 사용하며, 잘 익은 코코넛은 짙은 갈색의 단단한 껍질 속에 흰 과육이 채워져 있으며 수분이 적다.

⑦ **라임**lime

브라질에서는 레몬을 사용하지 않고 비타민 C가 풍부한 라임을 이용한다.

(4) 축제문화carnival

문화와 신앙의 두 대륙 간의 결합은 매년 2~3월 초에 행해지는 카니발(사육제) 축제에 잘 나타나 있다. 광란의 축제로 알려지기도 한 카니발은 매해 부활절 40일 전의 토요일부터 다음 주 화요일까지 4일간으로, 이 기간에는 모두가 삼바에 맞춰 춤을 추면서 거리를 행진하는데, 과거 흑인 노예들이 축제 기간만 노예임을 잊고 주인들처럼 귀족 차림을 하고 그들의 노동의 어려움을 잊어버리는 날로 만들어진 것이 지금까지 이어지게 됐다는 유래가 있다.

4) 대표적인 음식

(1) 츄라스코churrasco

브라질은 남미에서 가장 먼저 방목을 시작한 나라로, 츄라스코는 수 세기 동안 브라질 남부의 카우보이나 가우쵸들이 즐겨 먹던 브라질식 바비큐 요리이다. 츄라스코의 주재료인 쇠고기는 등심, 엉덩이와 가슴고기 사이, 안심, 엉덩이 부위, 통갈비, 갈빗살 등이 있고, 그 외에 돼지 넓적다리살, 돼지 통갈비, 양고기 넓적다리 등도 많이 사용된다. 채소 구이는 양송이, 브로콜리, 피망, 토마토, 베이컨을 주로 사용한다.

츄라스코 전문점에는 식탁에 빨간색과 초록색의 은 막대가 놓이는데, 고기를 계속 먹고 싶으면 녹색 부분을 위로, 그만 먹고 싶으면 빨간 부분을 위로 가게 놓는다.

(2) 페이조아다feijoada

브라질의 가장 대표적인 요리인 페이조아다는 흑인 노예에서 비롯된 요리이다. '페이조'는 '콩', '와다'는 '섞어서 찌다'라는 뜻의 포르투갈어로, 검은콩을 이용하기 때문에 겉모양만 보면 우리나라의 팥죽을 연상한다. 예전 흑인이 노예 생활을 했을 때 이들에게는 주인이 먹다 남은 것을 음식 재료로 사용하면서 유래되었다. 돼지고기의 경우 먹지 않고 잘라내는 돼지 코, 발끝, 귀 같은 부위를 주워 콩과 섞어 쪄 먹었던 데서 유래한 페이조아다는 현대 브라질의 일반 가정에서는 주말의 오찬으로 자리 잡았다.

(3) 엠파나다empanada

엠파나다는 호박파이와 함께 브라질의 가장 대표적인 파이이다. 토마토, 야자수 열매, 양파, 파슬리, 올리브 등을 넣어 쪄서 만든다.

(4) 칠면조 요리

브라질식 칠면조 요리는 칠면조에 양파, 마늘, 당근, 월계수 잎, 말린 후추 열매, 파슬리 등을 넣고 찜통에 찐 후 마늘, 올리브유, 백포도주, 카샤카cachaca를 넣어서 요리한다.

1 2
3 4

1. 페이조아다
2. 엠파나다
3 쿠스쿠스
4 마니오카

(5) 타카가tacaga

노란색의 걸쭉한 수프로 마니오카 가루를 풀어 끓인 것에 말린 새우, 고추 등이 들어가 톡 쏘는 매운맛을 낸다. 브라질의 중요한 식자재 중 하나인 마니오카manioc는 감자와 비슷한 작물로, 이 마니오카를 갈아서 만든 가루인 파리나는 대부분 요리에 들어간다.

(6) 커피

18세기 초 프랑스를 통해 커피를 도입한 브라질은 이후 생산량이 계속 증가하여 현재는 세계 최대의 커피 생산, 수출국으로 자리 잡았고, 세계에서 소비하는 커피의 절반 이상을 중심부의 고원지대에서 재배하고 있다. 생산지는 여섯 개의 주로 구분할 수 있는데, 땅이 넓어서 생산지별 맛과 향의 차이가 큰 편이다. 일반적으로 재배 고도가 높을수록 품질이 좋으며, 해발 1,000 m 정도에서 가장 좋은 품질의 원두가 생산되고 있다. 미나스 제라이스Minas Gerais는 브라질에서 가장 큰 커피 생산지로 전체 생산량의 약 45%를 생산하고 있으며 가장 양질의 원두를 생산하는 것으로 알려져 있다.

5. 아르헨티나의 음식문화

1) 자연적 환경

아르헨티나는 남아메리카 동부 해안의 절반 이상을 차지하며 길게 뻗어 있는 나라이다. 면적은 전 세계에서 8번째이며 남아메리카 대륙에서 2번째로 크다. 언어는 스페인어를 사용하며 화폐 단위는 페소이다. 남북의 길이가 3,694 km에 달하여 기후가 매우 다양하다. 북쪽은 아열대성이며 중앙은 습기가 높고 남쪽은 매우 춥다. 중앙의 팜파스는 건조하고 습한 토양이 이리저리 섞여 있는데 홍수가 자주 일어난다.

남아메리카 대륙 남부의 대부분을 차지하고 있으며 국토의 서쪽은 안데스산맥, 동쪽은 팜파스 평원, 북쪽은 아열대 지역이며, 황량한 사막이 펼쳐져 있는 남쪽의 파타고니아 지방으로 이루어져 있다. 기후는 아열대에서 건조 기후, 4계절이 있는 온대 및 아열대 넷으로 구분되며 다양한 토지에 세계 각국에서 자신이 태어난 고향의 지형과 기후에 가까운 토지에 이민을 와서 변화가 풍부한 문화를 키워오고 있다.

2) 사회적 환경

공용어는 스페인어이며 인구의 90%가 로마 가톨릭교 신자이다. 국민의 85%가 유럽계 백인이며, 그 중 스페인과 이탈리아 등 남부 유럽계가 절반 이상을 차지하고 있다. 안데스 산악지역은 원래 인디오의 생활 터전이었다가 스페인의 지배 이후 영토분쟁으로 원주민의 수가 급격히 감소하였다. 일반적으로 유럽 문화를 모방하고 선호하는 경향이 있다.

3) 식생활 특징

주식은 쇠고기이고 돼지고기 요리가 고급에 속할 만큼 쇠고기가 풍부하다. 중·남부 지역에서는 양을 방목하여 사육하는데 양고기 가격도 저렴하다. 수산자원은 풍부하나 생선 요리는 즐겨 하지 않으며, 밀가루 음식을 많이 먹는데 스파게티, 마카로니, 라비올리 등을 먹는다. 이탈리아계가 전 인구의 55%를 차지하여 이탈리아 식생활의 영향을 많이 받았다.

4) 대표적인 음식

(1) 고기 맛을 듬뿍 느낄 수 있는 대표적인 아르헨티나 요리

① **아사도**asado

일종의 바비큐로 본래는 가우쵸(아르헨티나 카우보이)들의 요리였다. 소의 갈비뼈 부분을 통째로 구운 것이다. 손님 앞에서 원하는 양 만큼 잘라서 준다.

② **뿌체로**puchero

일종의 수프, 또는 스튜로 고기가 붙은 뼈와 채소를 삶은 요리이다.

1. 아사도
2. 뿌체로

③ **빠리야다**parillada

간, 창자 등 내장 소금구이 요리이며 처음에는 냄새가 비위에 거슬리지만, 비타민이 풍부하며 영양도 만점이다.

(2) 엔파나다empanadas

우리나라의 만두와 비슷한 음식으로 속에 들어가는 재료는 닭고기, 쇠고기 등이다. 껍질로 사용하는 것은 식당과 지방에 따라 다양하다.

(3) 마테차

아르헨티나 인들이 즐겨 마시는 전통차로 주로 가우초들이 마신다. '제르바'라는 약초의 잎을 잘게 썰어서 말린 다음에 마테 통에 담고 뜨거운 물과 설탕을 섞어 특수한 빨대를 가지고 마신다. 이 차는 잔 하나를 돌려가며 마시는데 기쁨과 근심을 함께 하자는 우정의 의미가 담겨있다고 한다.

마테차

CHAPTER 12

오세아니아의 음식문화

남반구에 있는 대륙으로, 오스트레일리아와 뉴질랜드, 그리고 태평양의 여러 섬을 포함하고 있다. 영국, 프랑스 등의 유럽인들이 많이 이주하여 살고 있다. 오스트레일리아와 뉴질랜드는 과거 영국의 지배를 받아서 유럽 문화의 영향을 받았으며 기후와 환경이 매우 좋아 기후 변화가 크지 않고, 자원이 풍부하며, 양과 소를 키우는 목축업이 크게 발달했다. 음식 재료는 해산물, 과일, 치즈 등이 매우 풍부하여 이를 이용한 음식들이 발달하였다.

1. 호주의 음식문화

1) 자연적 환경

세계에서 가장 큰 섬인 호주는 면적이 774만 km^2로 한반도의 약 35배에 달하며 대체로 건조한 기후를 나타내지만 다양한 기후를 가지고 있어 북부 지역의 80%, 서부 호주지역의 40%는 열대기후에 속해 있고 그 나머지 지역은 온대기후에 속해 있다. 남반구에 속한 호주는 북반구의 국가들과 반대의 계절을 맞는다.

2) 사회적 환경

다민족 국가인 호주는 4만 년 전에 최초 에보리 진이라는 원주민이 살기 시작했고, 1770년에 영국의 쿡 선장이 발견하였으며 영국인들이 기틀을 잡았고 금광이 발견되면서 중국, 이탈리아 등지로부터 대량의 이민자들이 유입됐다. 식문화는 주로 첫 이민자들인 영국인들의 식사가 기본이 되지만 여러 문화가 공존하고 있다. 대부분 인종은 유럽인(89.2%)이며 아시아인(4.1%), 원주민(1.6%), 아랍인(1%) 등이 호주 인구를 구성하고 있다. 각지에서 모여든 이민자들 덕에 각 나라와 민족 고유의 음식을 맛 볼 수 있다. 공용어는 영어이지만 17%는 영어 외에 다른 언어를 사용한다.

3) 음식문화 특징

(1) 1인당 육류 소비량 세계 1위

호주의 대표적인 요리는 미트파이와 스테이크, 바비큐를 들 수 있다. 세계적으로 고기 소비량이 가장 높은 호주인 들의 주식은 쇠고기와 양고기이다. 주된 요리 방법은 두툼하게 썰어 스테이크로 즐기거나 잘게 갈아 양념해 파이 속에 넣어 먹기도 하고 혹은 야외에서 바비큐를 해 먹는다.

쇠고기나 양고기 외에 캥거루, 악어, 에뮤(날지 못하는 새, 타조와 비슷하다), 비둘기, 토끼고기 등도 식용하고 있지만, 대중화된 것은 아니다. 그중 캥거루 고기가 에뮤와 함께 호주에서는 맛볼 수 있는 독특한 요리로 최근 주목받고 있다.

(2) 해산물을 이용한 음식 발달

호주인 들이 즐기는 음식으로 해산물도 빼놓을 수 없다. 호주는 사면이 열대와 온대의 바다로 둘러싸여 있어 바닷가에 접한 도시에는 해산물이 풍부하다. 가장 대표적인 것이 시드니 명물인 록 오이스터(돌굴)로 자연산인 이 굴은 살이 단단하고 깊은 맛이 나는데 레몬을 곁들여 생으로도 먹고, 치즈를 곁들여 구워서도 먹는다. 이 외에도 연어, 참치, 새우 등을 비롯한 갑각류, 게, 바닷가재, 조개, 전복 등 다양한 해산물을 즐긴다.

(3) 호주의 음주문화

우리나라와 달리 주류의 판매 허가는 엄격해서 허가가 없는 레스토랑에서는 B.Y.O.라는 표시를 하며, 이곳에서는 손님이 직접 술을 가지고 들어갈 수 있다. 술을 저렴하게 가게에서 사서 식당에 들고 가서 먹을 수 있으므로 이 방식을 선호하는 사람들도 많다. 호주인의 1인당 맥주 소비량은 세계 3위이며 각 지역에 따라 다양한 브랜드의 맥주가 생산되고 있다. 세계적으로 유명한 맥주로는 포스터Fosters와 쿠퍼스Coopers가 있으며, 퀸즐랜드의 포엑스XXXX와 파워스Powers, 웨스턴 오스트레일리아주의 스완Swan, 빅토리아주의 빅토리안 비터Victorian Bitter, 태즈메이니아주의 케스케이드Cascade 등 각 주를 대표하는 맥주들도 있다.

호주의 와인은 역사는 비록 짧지만, 맛에서는 세계적인 평가를 받고 있다. 와인의 본 고장인 이탈리아와 프랑스 특유의 숙성된 깊고 풍부한 맛보다는 신선하고 산뜻한 맛이 특징이다. 사우스오스트레일리아주에서 생산되는 레드와

인이 세계적으로 유명하며 대량 생산하는 브랜드로는 펜폴즈Penfolds, 린드먼스Lindemans, 올랜도Orlando 등이 있다.

(4) 호주 음식문화의 뿌리, 부쉬터커Bush Tucker

호주 원주민인 애버리 진들은 일명 부쉬터커Bush Tucker(원주민의 음식)라는 고유의 음식문화가 있다. 애버리 진들이 약 5만 년에 걸쳐 만들어온 이 음식문화는 다양한 약초, 향신료, 과일, 채소, 짐승, 새, 파충류 등이다.

이외에 백인 호주인 들에게도 점차 일반화되고 있는 캥거루나 악어, 에뮤와 같은 고기 요리들이 부쉬터커로 알려져 있으며 퀸즐랜드 북부 지역이나 앨리스 스프링스, 호주 중심부에서 직접 체험할 수 있다.

(5) 쇠고기·양고기·감자·설탕의 세계적인 생산국

일반적으로 호주인 들은 하루 세 끼 식사를 하며 아침은 간단하게 먹는다. 토스트 한 호밀 빵에 잼을 곁들여 커피와 함께 마시거나 씨리얼, 크로와상 등이 아침의 주식이며, 따뜻한 식사로 스크램블드에그와 베이컨을 곁들이기도 한다. 무거운 유럽식 식사를 지향했던 호주는 요즘 들어 점심은 가볍고 영양가 있는 것을 즐기며 빨리 먹을 수 있는 간단한 샐러드 같은 식사가 유행이다. 하지만 저녁은 여전히 푸짐한 것을 즐기는데 육류는 물론 파스타 요리와 더운 채소, 과일 등을 긴 시간에 걸쳐 즐긴다.

4) 대표적인 음식

(1) 미트파이meat pie

닭고기나 쇠고기 등의 고기를 갈아 버섯, 카레, 감자, 채소, 치킨 등을 파이껍질 속에 넣은 것으로 그 종류만도 수십 가지나 된다. 그린피스나 그레이비 소스를 뿌려서 먹는데 취향에 따라 칠리소스를 뿌려 먹기도 한다.

(2) 피시 & 칩스fish & chips

흰 살 생선에 밀가루를 입힌 것과 감자를 기름에 튀긴 음식으로 본래 영국음식이다. 호주인 들이 주로 점심에 포장 판매해 가는 주요 음식 중 하나로 세계 어느 곳에서도 호주만큼 일반화된 곳을 찾기 힘들다.

(3) 홈부시엔

닭고기를 파프리카, 향채 등으로 만든 허브 양념으로 재워 두었다가 구워낸 요리이다.

(4) 악어 크림 파이crocodile cream pie

호주의 악어 요리로, 악어고기는 담백한 맛으로 닭고기와 비슷하다고 하며 광우병 파동이 번진 유럽에서 대체 음식 재료로 인기를 끌기도 했다.

1. 미트파이
2. 피시 & 칩스
3. 캥거루 스테이크

(5) 캥거루 스테이크kangaroo steak

캥거루 고기를 두툼하게 썰어 구운 후 소금과 후추로 양념한 요리이다.

(6) 에뮤 스테이크emu steak

호주의 타조라 불리는 날지 못하는 새인 에뮤의 고기로 만든 스테이크이다. 타조와 마찬가지로 날지 못하는 새 종류인 가금류보다는 쇠고기나 양고기의 육질에 가깝다. 에뮤는 스테이크뿐 아니라 알도 음식 재료로 애용된다.

(7) 베지마이트

채소즙, 소금, 이스트 추출물로 만들어 진한 갈색을 띠며, 빵이나 크래커에 발라서 먹는 스프레드로 호주 가정에서는 건강식으로 즐겨 먹는다.

(8) 래밍턴과 파블로바

래밍턴은 코코넛 가루를 묻힌 정육면체 모양의 스펀지케이크이고, 파블로바는 달걀 흰자와 설탕을 섞어 구운 머랭 과자에 과일과 휘핑크림을 얹은 것이다.

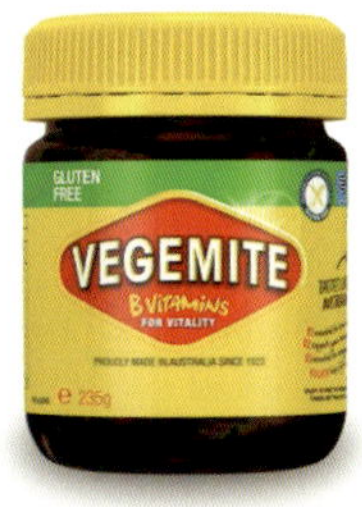

1
2 3

1. 베지마이트
2. 래밍턴
3. 파블로바

2. 뉴질랜드의 음식문화

1) 자연적 환경

뉴질랜드의 면적은 27만 km^{2}로 우리나라의 약 1.2배에 이르며, 남위 34도~47도 사이에 자리잡고 있고, 길이는 약 1,600 km^{2}이다. 쿡 해협Cook Strait을 사이에 두고 두 개의 섬으로 이루어져 있으며, 호주와는 태즈먼 해Tasman Sea를 사이에 두고 떨어져 있다. 기후는 편서풍대에 속하고 사계절 온화한 기후를 보이며 일교차가 적다. 농업과 목축업이 주 산업으로 특히 양의 목축업이 발달했으며 밀의 생산량도 많다.

2) 사회적 환경

뉴질랜드는 폴리네시아로부터 마오리족이 이주하여 정착하였으며 18세기 말에 유럽인이 이주하여 살게 되었다. 적은 인구로 넓은 국토를 유효하게 이용하여 경제 수준이 높고 풍요롭다. 또한, 인구가 적고 산업이 기계화되었기에 생산성이 높고 완전고용이 실현된 나라이다. 1898년 세계 최초로 양로연금제가 시행된 이후 완벽한 사회보장제도 덕분에 이 나라는 세계적인 복지국가가 되었다.

뉴질랜드의 인구 중 90% 정도가 백인이며, 그중 영국계가 90% 이상이다. 화이트 뉴질랜드 정책에 따라 유색 인종을 배척했던 과거의 정책을 포기하고 1991년부터 이민 문호를 개방, 현재는 인종 간의 융화를 힘쓰고 있어 인종차별이 없는 나라이다. 대부분 격차 없는 중산층으로 높은 생활수준을 유지하고 있다.

3) 음식문화 특징

(1) 육류음식의 발달

뉴질랜드는 양고기·사슴고기·쇠고기의 주요 생산국으로 질이 좋고 비싸지 않은 육류 요리로 유명하다. 새끼 양 요리, 트림포크, 사슴 요리가 대표적인 음식이다. 베니슨 이라는 사슴 요리가 메뉴화되어 고급 레스토랑에서 판매되고 있다.

(2) 해산물의 이용

뉴질랜드는 연어·왕새우·굴·조개 요리를 해산물 전문요리점에서 비교적 싸게 맛볼 수 있다. 특히 랍스터의 일종인 크레이피시가 유명하다.

(3) 풍부한 채소와 과일

뉴질랜드는 아보카도와 뉴질랜드의 고구마인 큐마라 등의 채소와 과일도 풍부하다. 키위는 뉴질랜드에서 가장 인기 있는 과일이며, 살구와 딸기의 일종인 보이스베리를 많이 생산한다. 파블로바와 같은 신선한 채소·과일을 이용한 다양한 후식이 발달하였다.

4) 대표적인 음식

(1) 항이hangi요리

항이 요리는 마오리족의 전통음식으로 온천지역인 로토루아에 가면 쉽게 맛볼 수 있는 돌찜 구이이다. 땅속에 구멍을 파고 뜨겁게 달군 돌멩이 위에 나뭇잎으로 싼 식품을 얹고 흙으로 덮어두면 달군 돌의 열이 식품의 수분을 데우면서 익는다. 재료는 돼지고기, 닭고기, 쇠고기, 민물고기, 호박, 감자 등 다양하며 항이 요리에는 향신료를 사용하지 않는 특징이 있다.

(2) 토헤로아 수프

토헤로아 수프는 토헤로아라는 조갯살을 으깨 만든 수프이다.

(3) 호키포키

호키포키는 작은 캐러멜이 들어 있는 아이스크림이다.

(4) Pavlova

모양은 케이크와 비슷한데 속에는 빵 대신 설탕 과자 같은 것으로 되어 있어 단맛이 아주 강하다.

1 | 2
3

1. 항이요리
2. 아보카도
3. 호키포키

CHAPTER 13

미래의 식생활과 푸드테크

1. 푸드테크의 형성배경

식생활은 시대마다 자연적, 사회적, 문화적 환경 등에 영향을 받아 변화해 오고 있는데, 미래의 식생활은 인구 증가, 식량자원의 고갈, 환경 문제 등 여러 문제를 해결하기 위해서 제 4차 산업혁명에 맞게 변화하는 지속가능한 푸드테크가 각광 받고 있다. 대체식품 발굴, 식품의 대량 생산, 비용 절감이 가능하고 맞춤형 상품이나 서비스를 제공하기도 한다.

1. 푸드테크의 형성배경

과거 1950년대부터 1960년대까지는 양적인 식량부족과 영양결핍이 주된 문제였고, 위생상태가 매우 불량하여 기생충이나 전염에 의한 질병이 많았다. 1970~1980년대에는 과학기술이 발달함에 따라 농사 및 식품가공 기술도 함께 발달하였고, 먹거리가 풍부해져 영양 과잉으로 비만 등의 문제가 발생하기도 하였으나 영양결핍 문제 또한 공존하였다. 또한, 환경오염, 식품오염, 잔류농약 및 식품첨가물 등 건강과 관련 있는 위생문제에 관심이 집중되었다. 1990년대 이후에는 소비자들은 건강에 관한 관심과 이해가 커져서 영양적 균형을 추구하게 되어 면역력 향상, 다이어트, 마이크로바이옴 등의 건강 중심 생활 방식과 식품 소비 경향이 두드러져 건강 기능성 식품이 개발되었고, 식품산업의 중요한 부분을 차지하게 되었다. 환경오염, 동물복지 등 사회 및 환경부문 지속가능성에 대한 관심 증가로 식물 단백질 등 지속 가능한 대체식품 시장 또한 급성장하고 있다. 최근에는 출산율의 감소와 노인 인구의 증가, 여성의 사회진출 증가로 인해 가공식품의 다양화가 이루어졌다. 소비자들의 요구에 따라 집밥의 비중이 증가하여 간편식 시장이 빠르게 성장하고, 가정대용식HMR, home meal replacement, 유명 맛집 인기 메뉴를 담은 레스토랑 간편식RMR, restaurant meal replacement, 밀키트meal kit 등 식품 형태가 다양하게 변화되고 있다. 특히 1인 가구, 핵가족의 급격한 증가로 1인 식단 등의 제품 수요가 증가하고 있다.

푸드테크Food Tech는 식품food과 기술technology이 접목된 4차 산업 기술로 전통 식품산업에 ICTInformation & Communication Technology 기술이 접목되어 생산, 가공, 유통, 서비스까지 전 범위에 걸쳐 변화하는 새로운 산업으로 대표적인 제 4차 산업혁명의 핵심이다. 유엔 식량농업기구UN FAO에 따르면 2050년 세계 인구는 약 95억 명으로 미래의 식생활은 급격한 환경 변화를 겪게 될 것이며, 식량 수요는 70% 가량 증가할 것으로 예측된다. 또한, 산업의 발달로 파괴된 환경 변화로 경작지가 부족해지고 수산자원의 남획과 해수 온도의 상승으로 어족자원도 위기에 봉착하고 있다. 이에 제한된 식용자원의 문제를 해결하기 위해 미래의 식생활을 책임질 4차 산업혁명의 먹거리 기술인 푸드테크는 '온디맨드(주문형 서비스)'와 '편리함'을 추구하는 소비자의 요구와 성향에 맞춰 주문·배달 서비스를 중심으로 발전해왔으며, 세계적으로 시장이 점점 커지고 있다. 향후 예상되는 미래 인구 증가 및 그에 따른 식량부족과 환경문제, 개인적 신념에 따른 식생활에 대비한 대체 식량의 필요성이 최근 대두되고 있다.

1) 대표적인 음식

(1) 곤충

곤충은 전 세계에서 부상하고 있는 대표적인 미래 식량 중 하나이다. 육류 단백질을 곤충으로 대체할 경우 축산업으로 발생하는 각종 비용 부담을 줄일 수 있고, 밀집된 환경에서 키울 수 있어 좁은 공간에서도 대량 생산이 가능하다. 곤충은 종에 따라 13~77%의 단백질 함량을 보여주어 단백질 보충급원으로 주목받고 있다. 유럽 등지에서 인기가 높은 곤충 식품은 귀뚜라미다. 향후 귀뚜라미 가루로 만드는 에너지바와 칩, 파스타, 막대 형태의 과자 등 가공식품의 생산과 소비가 증가할 것으로 예상된다. 이미 미국, 유럽 등지의 식료품 판매장에서는 귀뚜라미 가루를 판매 중이다. 또한, 핀란드 식품기업 파제르는 귀뚜라미 가루를 이용한 빵을 출시했다. 빵 한 개에는 무려 70마리의 말린 귀뚜라미가 들어간다. 동남아시아에서의 소비도 차차 늘고 있다. 인도네시아에서는 귀뚜라미에 튀김옷을 입혀 튀긴 름뻬역rempeyek을 즐겨 먹고 있으며, 태국에서도 귀뚜라미를 간식거리로 소비하고 있다.

푸드테크 세부 분야 및 국내·외 주요 업체(브랜드)

분야	업체(브랜드)
• 음식배달 서비스	• 배달의 민족, 요기요, 배달 로봇 이용
• 맛집 추천 및 예약 대행 서비스	• 망고플레이트, 다이닝코드
• 모바일로 커피나 음식 주문 후 매장을 방문해 직접 먹을 수 있는 O2O(Online to Offline) 서비스	• 사이렌오더, 카카오오더
• 음식을 만들 수 있는 레시피와 필요한 재료를 집으로 배달하는 서비스	• 푸드 플라이, 배민라이더스
• 식재료를 배송하는 서비스	• 마켓컬리, 롯데프레시, 언니네텃밭
• 식재료나 음식을 정기적으로 배송하는 서비스	• 푸드플랩, 집국의 완성
• 레시피를 공유하는 서비스	• 만개의 레시피, 이밥차
• 지능화된 농장 스마트팜	• 에어로팜즈(도심 수직농장 운영), • 프레이트 팜즈(재배 공간으로 오래된 컨테이너 박스 재활용)
• IT 기기를 이용한 새로운 요리법으로 식생활 변화형 서비스	• 바이플로 및 푸드잉크(3D 푸드 프린터로 요리)
• 대체식품 개발 서비스	• 귀뚜라미 등 식용곤충 활용

(2) 컨자

컨자kernza는 밀을 대체할 수 있는 다년생 식물이다. 뿌리는 땅속으로 4~5 m 정도 뻗고, 한 번 심으면 5년 연속 곡물을 수확할 수 있을 만큼 생산량이 많으면서도 밀 농사에 비해 비료가 적게 드는 것은 물론 땅 속으로 탄소를 저장해 토양을 건강하고 비옥하게 만드는 데에 도움이 된다.

(3) 식물성 고기

식물성 고기는 식물에서 추출한 단백질을 이용하여 고기와 비슷한 형태와 맛이 나도록 제조한 고기를 의미하며, 주로 밀, 대두 및 곰팡이 등을 이용하여 제조된다. 단백질 함량이 높고 지방과 포화지방산 함량은 매우 낮은 편이며, 제조 과정 중 다양한 영양소를 보충할 수 있다. 기존 축산 대비 토양 사용량은 95%, 온실가스 배출량은 87%를 감소시킬 수 있으며, 가축 전염병에 대한 우려도 배

제할 수 있는 장점이 있지만, 식미감이 전반적으로 기존 육류보다 떨어지는 단점이 있다. 최근 일부 버거용 패티는 맛과 향기가 쇠고기와 별 차이가 없는 수준까지 발전하였으나, 이외의 식물성 고기의 소비 확대를 위해서는 추가적인 식미 개선을 위한 기술 개발이 필요하다.

(4) 조류

조류는 물속에서 생육하며 광합성에 의해 독립 영양 생활을 하는 식물로, 해조류를 통칭하는 속명이다. 100% 식물성 오메가-3 지방산이 함유되어 있어 채식주의자에게 필요한 식품이다. 스피룰리나 역시 조류에 속한다. 최근 다양한 식품으로 개발이 진행되고 있는데, 조류 버터 개발 등이 이에 해당하며, 조류 기름은 다른 기름보다 토지와 물 사용량이 적다는 이점이 있다.

(5) 배양육

배양육은 살아 있는 동물의 세포를 채취한 뒤 세포 공학 기술로 배양하여 생산하는 식용 고기를 의미한다. 배양육 생산의 긍정적인 측면은 기존의 육류 생산보다 온실가스 생성의 감소, 물의 소비량 감소 등 더 환경친화적이라고 할 수 있다. 또한, 밀폐된 공간에서 사육되고, 비인도적으로 도살되는 동물로부터 생산되지 않아 다양한 질병 발생의 위험이 없어지고 예방 접종, 윤리적 이슈가 필요 없다는 점이다. 현재 전 세계 10여 개의 기업이 닭고기, 소고기, 푸아그라를 실험실에서 키우고 있다. 2016년 멤피스 미츠memphis meats는 실험실 배양육 시제품을 발표했고, 닭고기 배양에 성공했다. 그러나 배양육 생산비는 매우 높은 수준이다. 실용화를 위해서는 보다 높은 수준의 생명공학 및 조직 배양, 대량 생산 기술이 필요하다. 조직 배양이라는 기존에 없던 새로운 방식으로 생산된 식품이므로 소비자가 느낄 수 있는 거부감도 해소할 필요가 있다.

(6) 합성고기

줄기세포를 결합한 동물 조직을 이용해 합성고기를 만드는 연구가 진행 중이다. 실험실에서 만들어진 고기와 생선도 유망한 미래 음식이다. 온전한 소 한 마리 혹은 넙치 한 마리는 어렵지만, 그 살코기만 만들어내는 일은 가능하다. 실험실에서 '합성'을 통해서 고기를 생산할 경우, 기존의 생산 방식보다 78~96%의 온실가스를 줄일 수 있는 것으로 알려졌다. 합성고기가 시장에 등장하기 위해서는 10년에서 20년 정도의 시간이 걸릴 전망이다.

(7) 인조 달걀

인조 달걀은 콩, 해바라기 레시틴, 카놀라 및 천연수지를 이용하여 제조되며, 현재 주로 분말 형태 및 달걀 가공품으로 판매되고 있다. 인조 달걀 시판 제품은 물에 녹여 사용하며, 거품 및 색상이 기존 달걀과 비슷하지만, 가격은 19% 저렴한 이점이 있다.

(8) 3D 푸드 프린팅

3D 푸드 프린팅food printing은 3차원 디지털 디자인, 영양학적 데이터를 이용하여 다양한 식품 소재를 한 층씩 적층하여 식품을 만드는 기술이다. 3D 프린터만 있다면 일반 가정에서도 간편하게 음식을 만들어 먹을 수 있게 된다. 3D 프린터를 이용해 음식을 만들 때 기존 식품의 원가 절감과 다품종 소량생산에 적합한 새로운 방식의 제조 모델로 변혁할 수 있다. 저렴한 비용으로 신속한 제작이 가능하여 긴 조리 시간과 복잡한 절차를 줄일 수 있고, 유통단계 없이 소비자가 개인에게 맞는 완전한 식품을 제조하여 섭취하는 것이 가능하다는 장점이 있다.

참고문헌

- 공현주, 양경미. 미래 식량 식용곤충을 활용한 식품 과학 체험활동 개발 연구, 동아시아식생활학회 학술발표대회논문집, 10, 112-112, 2019.
- 구난숙, 권순자, 이경애, 이선영, 문세훈. 세계 속의 음식문화, 교문사, 2018.
- 구난숙, 권순자, 이경애, 이선영. 세계 속의 음식문화, 교문사, 2017.
- 구성자, 김희선. 새롭게 쓴 세계의 음식문화, 교문사, 2005.
- 국립중앙박물관.
- 궁중음식연구원.
- 권순자, 구난숙, 이선영, 이경애. 세계 속의 음식문화, 교문사, 2017.
- 김건희, 차경희, 고성희, 신원선, 조미숙, 문보경, 조순덕. 음식과 세계문화(개정판), 파워북, 2020.
- 김건희, 차경희, 고성희, 신원선, 조미숙, 문보경, 조순덕. 음식과 세계문화, 파워북, 2019.
- 김희선. 글로벌 음식문화. 교문사, 2018.
- 박경태, 백종온, 조용범. 글로벌 음식문화의 이해. 성학당, 2008.
- 박현진. 미래 식품산업과 3D 푸드 프린팅. 한국식품영양학회 학술대회논문집, 25-47, 2018.
- 백재은, 배현주, 이경아, 류시현. 식생활관리와 글로벌 음식문화, 교문사, 2016.
- 서울특별시 서울시설공단.
- 이애섭, 유맹자, 이미자, 조유순, 윤경, 정금례, 김현진. 의례음식과 상차림, ㈜이지, 2012.
- 이정민, 김용렬. 대체 축산물 개발 동향과 시사점. 한국농촌경제연구원 농정포커스, 10, 1-23, 2018.
- 이지현, 김선희, 이신정. 글로벌 시대의 음식문화(개정판), 기문사, 2015.
- 조윤준, 우나리야, 김현정, 최원석. 세계의 식생활과 문화, 파워북, 2011.

• 최정희, 최남순, 조우균, 이영미. 세계 식생활과 문화(개정판), 파워북, 2019.
• 한국민족문화대백과사전.
• 한국학중앙연구원.
• 허만규. 배양육이란 무엇인가?. 생명과학회지, 31(6), 587-594, 2021.

출처

- wikipedia.org
- http://foodtech.or.kr/
- http://labnosh.com/en/%eb%af%b8%eb%9e%98%ec%9d%98-%ec%8b%9d%ed%83%81%ec%9d%84-%ec%b1%85%ec%9e%84%ec%a7%885%ea%b0%80%ec%a7%80-%ec%8b%9d%ed%92%88-%ed%8a%b8%eb%a0%8c%eb%93%9c/
- https://blog.daum.net/kh0222/541
- https://m.post.naver.com/viewer/postView.nhn?volumeNo=7136483&memberNo=25324157&vType=VERTICAL)
- https://www.chosun.com/site/data/html_dir/2017/01/03/2017010302409.html
- https://www.korea.kr/news/pressReleaseView.do?newsId=156482066
- https://commons.wikimedia.org/wiki/File:Gyuu-don_003.jpg
- https://www.flickr.com/photos/ume-y
- https://commons.wikimedia.org/wiki/File:Nabe_Kansai_style.jpg?uselang=ko
- https://commons.wikimedia.org/wiki/File:Beijing_DUck_sliced.jpeg
- http://flickr.com/photos/oxborrow/164291271
- https://commons.wikimedia.org/wiki/File:Jing_Jiang_Rou_Si_01.jpg
- https://commons.wikimedia.org/wiki/File:Zhajiangmia.jpg
- https://commons.wikimedia.org/wiki/File:Roast_Pig_1.JPG
- https://commons.wikimedia.org/wiki/File:%E8%8F%A0%E8%90%9D%E5%92%95%E5%99%9C%E8%82%89.jpg
- https://commons.wikimedia.org/wiki/File:Chinese_fried_rice.jpg
- https://www.flickr.com/photos/95671837@N00/201429081
- https://commons.wikimedia.org/wiki/File:Bird%27s_Nest_soup.jpg
- https://pixabay.com/photos/food-breakfast-delicious-dim-sum-2689205/

- https://commons.wikimedia.org/wiki/File:Ma_La_Xiang_Guo.jpg
- https://commons.wikimedia.org/wiki/File:Billyfoodmabodofu3.jpg
- https://commons.wikimedia.org/wiki/File:Day177lilybday.JPG
- https://commons.wikimedia.org/wiki/File:Shanghai_hairy_crab_(4178989634).jpg
- https://commons.wikimedia.org/wiki/File:BCfood12.JPG
- https://commons.wikimedia.org/wiki/File:Hu%C4%81ju%C7%8En.jpg
- https://commons.wikimedia.org/wiki/File:Soup_dumplings.jpg
- https://blog.daum.net/kh0222/541
- https://commons.wikimedia.org/wiki/File:Bananaleafrice001.jpg
- https://commons.wikimedia.org/wiki/File:Annapurna_Naan.jpg
- https://commons.wikimedia.org/wiki/File:Curry_-_Indian_cuisine.jpg
- https://commons.wikimedia.org/wiki/File:%22Hyderabadi_Dum_Biryani%22.jpg
- https://commons.wikimedia.org/wiki/File:Tadka_Dal.jpg
- https://commons.wikimedia.org/wiki/File:Chamu%C3%A7as.jpg
- https://commons.wikimedia.org/wiki/File:A_cup_of_chai.JPG
- https://commons.wikimedia.org/wiki/File:Kabsa.jpg
- https://pixabay.com/photos/baked-bread-pita-arabic-bread-2073693/
- https://commons.wikimedia.org/wiki/File:Hummus_from_The_Nile.jpg
- https://commons.wikimedia.org/wiki/File:Falafel_balls.jpg
- https://commons.wikimedia.org/wiki/File:Lben_1.jpg
- https://commons.wikimedia.org/wiki/Category:Escargots_(food)
- https://ko.wikipedia.org/wiki/%ED%91%B8%EC%95%84%EA%B7%B8%EB%9D%BC#/media/%ED%8C%8C%EC%9D%BC:Foie_gras_en_cocotte.jpg

- https://ko.wikipedia.org/wiki/%EC%84%9C%EC%96%91%EC%86%A1%EB%A1%9C#/media/%ED%8C%8C%EC%9D%BC:Tuber_brumale_-_Vue_sur_la_tranche_coup%C3%A9e.jpg
- https://ko.wikipedia.org/wiki/%EC%83%A4%ED%86%A0%EB%B8%8C%EB%A6%AC%EC%95%99_%EC%8A%A4%ED%85%8C%EC%9D%B4%ED%81%AC#/media/%ED%8C%8C%EC%9D%BC:Chateaubriand_with_Bearnaise.jpg
- https://ko.wikipedia.org/wiki/%ED%83%80%EB%A5%B4%ED%8A%B8#/media/%ED%8C%8C%EC%9D%BC:Raspberry_and_blueberry_tart_by_Alexander_Kaiser.jpg
- https://ko.wikipedia.org/wiki/%EC%BD%94%EC%BD%94%EB%B1%85#/media/%ED%8C%8C%EC%9D%BC:Coq_au_vin_rouge.jpg
- https://ko.wikipedia.org/wiki/%EB%A1%9C%EC%8A%A4%ED%8A%B8_%EB%B9%84%ED%94%84#/media/%ED%8C%8C%EC%9D%BC:Roast_beef_dinner_at_Black_Horse_Inn,_Nuthurst,_West_Sussex,_England_(cropped).jpg
- https://ko.wikipedia.org/wiki/%EC%9A%94%ED%81%AC%EC%85%94_%ED%91%B8%EB%94%A9#/media/%ED%8C%8C%EC%9D%BC:Traditional_Yorkshire_Pudding.jpg
- https://ko.wikipedia.org/wiki/%ED%94%BC%EC%8B%9C_%EC%95%A4%EB%93%9C_%EC%B9%A9%EC%8A%A4#/media/%ED%8C%8C%EC%9D%BC:TillysTavernFish.JPG
- https://ko.wikipedia.org/wiki/%EC%8A%88%EB%B0%94%EC%9D%B8%EC%8A%A4%ED%95%99%EC%84%B8#/media/%ED%8C%8C%EC%9D%BC:Schweinshaxe_Chiang_Mai.JPG
- https://ko.wikipedia.org/wiki/%EC%9E%90%EC%9A%B0%EC%96%B4%ED%81%AC%EB%9D%BC%EC%9A%B0%ED%8A%B8#/media/%ED%8C%8C%EC%9D%BC:Wesselburenkraut_19.06.2012_18-35-26.jpg

- https://ko.wikipedia.org/wiki/%EC%95%84%EC%9D%B8%ED%86%A0%ED%94%84#/media/%ED%8C%8C%EC%9D%BC:Lamb-stew.jpg
- https://upload.wikimedia.org/wikipedia/commons/9/98/Spaghetti-prepared.jpg
- https://ko.wikipedia.org/wiki/%EB%9D%BC%EC%82%AC%EB%85%9C_%EC%95%8C_%ED%8F%AC%EB%A5%B4%EB%85%B8#/media/%ED%8C%8C%EC%9D%BC:Lasagne_-_stonesoup.jpg
- https://ko.wikipedia.org/wiki/%EB%9D%BC%EB%B9%84%EC%98%AC%EB%A6%AC#/media/%ED%8C%8C%EC%9D%BC:Ravioli.jpg
- https://ko.wikipedia.org/wiki/%ED%95%98%EB%AA%AC#/media/%ED%8C%8C%EC%9D%B C:Jamon_(7597350356).jpg
- https://ko.wikipedia.org/wiki/%EA%B0%80%EC%8A%A4%ED%8C%8C%EC%B4%88#/media/%ED%8C%8C%EC%9D%BC:Tomato_gazpacho.jpg
- https://ko.wikipedia.org/wiki/%ED%8C%8C%EC%97%90%EC%95%BC#/media/%ED%8C%8C%EC%9D%BC:Paella_cu.JPG
- https://ko.wikipedia.org/wiki/%EC%B9%BC%EB%91%90_%EB%B2%A0%EB%A5%B4%EB%93%9C#/media/%ED%8C%8C%EC%9D%BC:Caldo_verde.jpg
- https://upload.wikimedia.org/wikipedia/commons/a/a7/Meia_desfeita.jpg
- https://ko.wikipedia.org/wiki/%ED%94%BC%EB%A1%9C%EC%8B%9C%ED%82%A4#/media/%ED%8C%8C%EC%9D%BC:Pirozhki.jpg
- https://ko.wikipedia.org/wiki/%EB%B8%94%EB%A6%AC%EB%8B%88#/media/%ED%8C%8C%EC%9D%BC:Blini_with_salmon,_Saint_Petersburg,_Russia.JPG
- https://ko.wikipedia.org/wiki/%EC%8A%A4%EB%A9%94%ED%83%80%EB%82%98#/media/%ED%8C%8C%EC%9D%BC:Lovely_borshch.jpg

- https://ko.wikipedia.org/wiki/%EB%B3%B4%EB%A5%B4%EC%8B%9C#/media/%ED%8C%8C%EC%9D%BC:Borscht_served.jpg
- https://ko.wikipedia.org/wiki/%EC%83%A4%EC%8B%A4%EB%A6%AC%ED%81%AC#/media/%ED%8C%8C%EC%9D%BC:Shashlik.jpg
- https://ko.wikipedia.org/wiki/%ED%8E%A0%EB%A9%94%EB%8B%88#/media/%ED%8C%8C%EC%9D%BC:Pelmeni_Russian.jpg
- https://ko.wikipedia.org/wiki/%EB%B9%84%ED%94%84_%EC%8A%A4%ED%8A%B8%EB%A1%9C%EA%B0%80%EB%85%B8%ED%94%84#/media/%ED%8C%8C%EC%9D%BC:Beef_Stroganoff-01.jpg
- https://ko.wikipedia.org/wiki/%EC%9E%90%EC%BF%A0%EC%8A%A4%EC%BB%A4#/media/%ED%8C%8C%EC%9D%BC:Zacusc%C4%83_bgiu.jpg
- https://ko.wikipedia.org/wiki/%EC%8A%A4%EB%AB%BC%EB%A5%B4%EA%B3%A0%EC%8A%A4%EB%B3%B4%EB%A5%B4%EB%93%9C#/media/%ED%8C%8C%EC%9D%BC:Swedish_buffet-Sm%C3%B6rg%C3%A5sbord-01.jpg
- https://ko.wikipedia.org/wiki/%ED%81%AC%EB%9E%98%EC%BB%A4#/media/%ED%8C%8C%EC%9D%BC:Graham-Cracker-Stack.jpg
- https://ko.wikipedia.org/wiki/%ED%98%B8%EB%B0%80%EB%B9%B5#/media/%ED%8C%8C%EC%9D%BC:Sourdough_rye_with_walnuts.jpg
- https://ko.wikipedia.org/wiki/%EC%8A%A4%ED%85%8C%EC%9D%B4%ED%81%AC#/media/%ED%8C%8C%EC%9D%BC:Tradicinis_didkepsnis_restorane_STEAKHOUSE_HAZIENDA.jpg
- https://ko.wikipedia.org/wiki/%ED%96%84%EB%B2%84%EA%B1%B0#/media/%ED%8C%8C%EC%9D%BC:NYC-Diner-Bacon-Cheeseburger.jpg

- https://ko.wikipedia.org/wiki/%ED%95%AB%EB%8F%84%EA%B7%B8%EB%B9%B5#/media/%ED%8C%8C%EC%9D%BC:Hotdog_-_Evan_Swigart.jpg
- https://ko.wikipedia.org/wiki/%ED%91%B8%ED%8B%B4_(%EC%9D%8C%EC%8B%9D)
- https://ko.wikipedia.org/wiki/%EB%A9%94%EC%9D%B4%ED%94%8C_%EC%8B%9C%EB%9F%BD#/media/%ED%8C%8C%EC%9D%BC:Maple_syrup.jpg
- https://ko.wikipedia.org/wiki/%EC%95%84%EC%9D%B4%EC%8A%A4%EC%99%80%EC%9D%B8#/media/%ED%8C%8C%EC%9D%BC:Ice_wine_grapes.jpg
- https://ko.wikipedia.org/wiki/%ED%86%A0%EB%A5%B4%ED%8B%B0%EC%95%BC
- https://ko.wikipedia.org/wiki/%ED%83%80%EC%BD%94#/media/%ED%8C%8C%EC%9D%BC:001_Tacos_de_carnitas,_carne_asada_y_al_pastor.jpg
- https://ko.wikipedia.org/wiki/%EA%B3%BC%EC%B9%B4%EB%AA%B0%EB%A0%88#/media/%ED%8C%8C%EC%9D%BC:El_tango_guacamole.jpg
- https://commons.wikimedia.org/w/index.php?search=%EC%8A%88%ED%95%98%EC%8A%A4%EC%BD%94&title=Special:MediaSearch&go=Go&type=image&uselang=ko
- https://commons.wikimedia.org/wiki/File:Feijoada_%C3%A0_brasileira_1.jpg
- https://commons.wikimedia.org/w/index.php?search=%EC%BF%A0%EC%8A%A4%EC%BF%A0%EC%8A%A4&title=Special:MediaSearch&go=%EB%B3%B4%EA%B8%B0&uselang=ko&type=image
- https://commons.wikimedia.org/w/index.php?search=%EC%97%A0%ED%8C%8C%EB%82%98%EB%8B%A4&title=Special:MediaSearch&go=%EB%B3%B4%EA%B8%B0&uselang=ko&type=image

- https://commons.wikimedia.org/w/index.php?search=manioc&title=Special:MediaSearch&go=%EB%B3%B4%EA%B8%B0&uselang=ko&type=image
- https://commons.wikimedia.org/w/index.php?search=%EC%95%84%EC%82%AC%EB%8F%84&title=Special:MediaSearch&go=%EB%B3%B4%EA%B8%B0&uselang=ko&type=image
- https://commons.wikimedia.org/w/index.php?search=puchero&title=Special:MediaSearch&go=%EB%B3%B4%EA%B8%B0&uselang=ko&type=image
- https://commons.wikimedia.org/w/index.php?search=%EB%A7%88%ED%85%8C%EC%B0%A8&title=Special:MediaSearch&go=%EB%B3%B4%EA%B8%B0&uselang=ko&type=image
- https://commons.wikimedia.org/w/index.php?search=%EB%AF%B8%ED%8A%B8%ED%8C%8C%EC%9D%B4&title=Special:MediaSearch&go=%EB%B3%B4%EA%B8%B0&uselang=ko&type=image
- https://commons.wikimedia.org/w/index.php?search=Fish+and+Chips&title=Special:MediaSearch&uselang=ko&type=image
- https://commons.wikimedia.org/w/index.php?search=%EC%BA%A5%EA%B1%B0%EB%A3%A8+%EA%B3%A0%EA%B8%B0&title=Special:MediaSearch&go=%EB%B3%B4%EA%B8%B0&uselang=ko&type=image
- https://ko.wikipedia.org/wiki/%EB%B2%A0%EC%A7%80%EB%A7%88%EC%9D%B4%ED%8A%B8#/media/%ED%8C%8C%EC%9D%BC:Vegemiteontoast_large.jpg
- https://ko.wikipedia.org/wiki/%EB%9E%98%EB%B0%8D%ED%84%B4_(%EC%BC%80%EC%9D%B4%ED%81%AC)#/media/%ED%8C%8C%EC%9D%BC:Mocha_Flake_amingtons.jpg

- https://ko.wikipedia.org/wiki/%ED%8C%8C%EB%B8%94%EB%A1%9C%EB%B0%94_(%EC%9D%8C%EC%8B%9D)#/media/%ED%8C%8C%EC%9D%BC:Christmas_pavlova.jpg
- https://ko.wikipedia.org/wiki/%ED%95%AD%EC%9D%B4#/media/%ED%8C%8C%EC%9D%BC:Hangi_prepare.jpg
- https://ko.wikipedia.org/wiki/%EC%95%84%EB%B3%B4%EC%B9%B4%EB%8F%84#/media/%ED%8C%8C%EC%9D%BC:Avocado_20200130.jpg
- https://ko.wikipedia.org/wiki/%ED%98%B8%ED%82%A4_%ED%8F%AC%ED%82%A4_(%EC%95%84%EC%9D%B4%EC%8A%A4%ED%81%AC%EB%A6%BC)#/media/%ED%8C%8C%EC%9D%BC:Honeycomb_ice_cream_and_hot_toffee_sauce_(5725734559).jpg
- https://g-hi.tistory.com/entry/banhmishop
- https://blog.naver.com/bongs1021/221693898431